나를 너희 편에 서게 하라

나를 너희 편에 서게 하라

강남좌파 시민논객 1호
강남아줌마의 대한민국 정치풍자

강영란 지음

모요사

머리말

다섯 번의 오월

●
●

●
2008년 5월

    정치 웹진 〈서프라이즈〉에 처음 글을 썼다.
    새로운 정부가 출범한 지 겨우 석 달도 되지 않았던 때, 고소영 내각, 오륀지 정부에 대한 반감과 미국산 쇠고기 수입 반대 촛불시위가 들불처럼 번지던 시기였다. 소소한 일상, 재미있는 에피소드, 감성적인 글만 조금씩 써오던 내가 사회현상에 눈을 돌리고 나서 느끼는 부당함과 불합리함, 불공정을 외치고 싶어 몸살이 나던 때였다.
    또한 '강남 거주+오십대+여성'이라는, 일상에서는 평범한 조합이 '강남좌파'라는 특수한 키워드로 주목을 받게 된 때였다. 매일 신명나서 글을 쓰다가 〈서프라이즈〉의 필진이 되었고, 비난과 칭찬을 겹쳐 듣던 때이기도 했다. 깊은 전문성이나 정치공학적 식견도 없으면서 잘난 척 떠들어대는 아줌마스러운 글이라는 비난에 상처받다가도 감성이 적절히 어우러진 새로운 정치 에세이, 가독성이 있는 문체라는 칭찬에 슬며시 기뻐하던 때였다. 사회와 개인 간의 관계, 정치가 개인에게 미치는 영향, 국가와 정부의 역할, 권력의 힘, 소수의 약자에 대한 배려, 인간의 본질에 대해 시선을 돌리게 된 내 인생의 터닝 포인트였던 그해 5월이었다.

2009년 5월

'그 일'이 있고 난 후 한동안 글을 쓸 수가 없었다.

전직 대통령을 검찰청 포토라인에 세우고 키득거리는 사람들, 결국 스스로 목숨을 던지게 만들고 장례 일정조차 어깃장을 놓는 정부, 미친 듯이 휘두르는 권력에 대한 깊은 염오는 분노나 슬픔과는 다른 것이었다. 나 하나, 글 몇 개, 이까짓 것들이 무슨 소용이란 말인가. 바위에 달걀치기처럼 느껴지는 무력감까지 더해져 눈감고 귀 닫은 채 지내면서 읽었던 이사

카 코타로의 소설 『골든 슬럼버』에서의 한 대목이 떠올랐다.

> 우리가 멍하게 있는 동안에 법률은 만들어지고,
> 세금이나 의료 제도도 바뀌고,
> 그러다 어디서 전쟁이 나도 그런 흐름에 반항할 수
> 없도록 되어 있잖아요.
> 멍하게 있는 사이에 자기들 마음대로 밀어붙이죠.
> 국가란 국민의 생활을 지키기 위한 기관이 아니에요.
> 국가나 권력을 적으로 삼고 있자면 도망치는 것뿐이죠.

이 구절에 정신이 번쩍 들면서 절망과 슬픔, 무력감조차 일종의 도피라는 걸 깨닫고 김대중 대통령의 "벽에 대고서라도 욕을 해라"는 말씀을 떠올릴 땐 벌써 두 계절을 보낸 후였다.

2011년 5월

그를 애도하는 글을 마지막으로 웹진에서 글쓰기를 멈추

고 트위터를 시작했다.

　글을 쓰는 일방적인 행위에서 벗어나 순간순간 소통하는 재미, 순식간에 다른 글들로 채워져 내 글에 대한 부담을 가질 필요가 없는 속도감, 수없이 쏟아지는 정보와 SNS의 영향력은 충분히 매력적인 것이었다.

　이젠 일반인들도 정치인, 유명인들과 직접 소통할 수 있어 그만큼 신비감이나 권위는 줄어들었고, 감춰졌던 모습이나 의도까지 드러나는 경우가 많아 판단하기도 쉽다. 유명인 쪽에선 형님, 언니, 동생 하며 격의 없이 소통하면서 대중의 요구가 무엇인지 쉽게 알 수 있고 대처할 수 있다. 전 세계 트위터러들의 정보력으로 언론을 통해서는 알 수 없는 사실도 알 수 있다. 새로운 세계로의 진입, 다른 의미에서 터닝 포인트가 된 5월이었다.

2012년 5월

　그동안 써왔던 글들을 새로 깎아내고 덧붙여 새 글들과 함께 출판사에 넘겼다.

3~4년 전의 글이 옛글 같지 않은 이유는 그동안 상황이 하나도 바뀌지 않았거나 더 나빠졌기 때문이지, 내가 미리 알고 써서가 아니다. 광우병 위험이 있는 미국산 수입 쇠고기 문제가 다시 불거졌고, 미네르바 등 인터넷 논객을 잡아들이던 몇 년 전과 다름없이 SNS에서 대통령 욕을 했다는 이유로 기소한다. 밥 먹듯이 했던 내각 인사들의 불법, 범법, 위법은 이제 당연하게 여겨지고, 표절이나 성추행쯤은 깜냥도 아닌 문제가 되어, 나라 전체가 도덕 불감증을 앓고 있다.

그래도 총선에서 다수당을 차지한 새누리당과 그 와중에 흘러간 옛 노래인 줄 알았던 주사파, 종북이란 단어가 공기 중에 떠다니고, 진보 진영은 위기에 처했다. 보수 진영은 체면, 염치 같은 건 금고 속에 고이 모셔두고 전략 또한 프로페셔널한 데 비해, 진보 진영은 경직된 정의감과 인간에 대한 예의만 부르짖느라 정작 전략도 돌파력도 보이지 않는다.

대선 승리에 대한 희망이 옅어진 5월이지만, 이제 다시 패배감을 딛고 일어서야 할 때다. 대안이 없던 몇 년 전을 생각하면 훌륭한 인재 풀이 있는 지금은 희망의 근거가 충분하다. 방송, 언론, 선관위, 검찰 등이 장악된 상태에서도 총선에서 절반 이상의 표는 가져왔다. 어차피 공정한 싸움은 아니지만 이젠 그들의 전략과 수법을 안다. 진보 진영을 새로이 정비하고 머리를 맞대면 충분히 막아낼 수 있다. 그래서 국민의 말에 귀 기울이고, 국민의 편에 서서 생각하는 대통령이 국민 앞에 선서하는 날을 맞이할 준비를 해야 한다.

2013년 5월

1년 후 우리는 어떤 5월을 맞이할까.

5·18 광주의거 기념일에 참석하는 대통령, 전직 대통령 서거일에 국민과 함께 옛일을 이야기할 수 있는 대통령, 부처님 오신 날에도 축하의 메시지를 전하는 대통령을 볼 5월이길 희망한다.

평범한 아줌마인 내가 나처럼 평범한 사람들에게 세상에 눈을 뜨게 된 계기와 이유를 말하고 싶어서 변변치 않은 글솜씨로 책까지 펴낼 용기를 냈다. 선거 때만 되면 비난받는 강남 3구를 그들만의 섬으로 따돌리는 대신 그들을 끌어안고 설득해야 할 필요를 말하고 싶기도 했다. 정치인, 정치평론가, 유명한 논객들처럼 높은 지식이나 안목, 비전을 말할 재주는 없지만, 저들의 잘못에 대해 살림하는 오십대 아줌마의 언어로 말하고 싶기도 했다. 그리고 12월의 대선 승리에 대한 희망과 바람을 얘기하고 싶었다. 패배주의에 젖어 '안 될 놈은 안 돼!'보다는 '우린 할 수 있을 거야~'라고 노래하고 싶었다.

"사람에게 가장 큰 무기는 습관과 신뢰이다." 역시『골든 슬럼버』에 나오는 구절이다. 뜬구름 잡는 이야기일 수도 있고 추상적이기도 하지만 우리의 무기는 민주주의에 길들여진 습관과 인간에 대한 신뢰이다. 결국 가장 큰 힘은 '원칙과 상식'의 세상이 다시 올 거라는 믿음, 그 믿음을 실천하는 오래된 습관이다. 도망치다가도 우리 몸에 각인되어 있는 저항의 습관, 어깨를 걸고 있는 옆 사람, 앞장 선 사람에 대한 신뢰를 말하고 싶다.

인터넷 용어로 대충 쓴 문장들에다 길지 않은 호흡, 정리되지 않은 지식, 게으른 성격까지 믿어주신 것도 모자라 막걸리, 맥주, 와인, 사케 등 홍대 앞 여러 술집의 분위기와 맛 등 새로운 영역에 대한 배움을 주신 모요사 대표님과 실장님께 감사를 드리고, 이 책을 기획해주신 김미영 씨께 깊은 우정을 보낸다. 두어 달 동안 빈약한 식단, 어질러진 집을 참고 견뎌

준 가족들에게는 미안함이 절반인 사랑을 전하고 싶다.

그리고 부족한 이 책을 고(故) 노무현 대통령을 비롯해 용산 참사, 쌍용자동차 사태, 천안함 사건 등 이명박 정권의 악의, 무관심, 방관, 무능으로 인해 희생당한 분들의 영전에 바친다.

2012년 6월
강영란

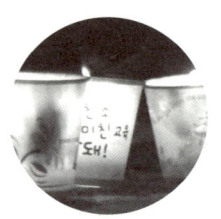

차례

머리말_다섯 번의 오월 • 004

Part 1
강남아줌마, 촛불을 들다

나를 너희 편에 서게 하라 • 018
강남아줌마, 촛불을 들다 • 023
1940년 중국과 현재 대한민국 • 027
여자를 감동시키는 것은 • 033
다시 이삼십대로 돌아가서 • 040
악은 악일 뿐 • 045
우리 강쥐의 작은 애국심 • 051

Part 2
강남에 부는 바람

우리 동네 이발소 • 058
강남 사람들에게 교육이란 • 064
아웃사이더로 살 것인가? • 071
진정한 부자, 멋진 부자 • 076
난 운이 좋은 여자라니까 • 081
양재천 단상 • 086

Part 3

대통령과 그들만의 세상

이멜다 언니에게 • 094
그 순수한 저열함 • 101
그들의 오해 • 107
겁쟁이 • 113
나비 • 117
내가 아는 욕들 • 122
경매 시작합니다 • 127
미리 보는 이뻥박 추모 특집 방송 • 134

Part 4

가슴 아픈 이름, 작은 소망

봉인을 풀고 • 142
당신에게 감사합니다 • 148
지금은 그들에게 칼을 겨눌 때 • 151
어느 청년의 편지 • 157
눈물은 짜고 꽃게는 달다 • 163
바보와 국가 • 171
대한민국 위대한 농부가
낮술 먹고 헷소리 좀 했어 • 177
나…… 마타하리 • 184

더러운 입에 예수를 올리지 말라 • 189
나무에게 미안하다,
무한도전 안 봐도 좋다 • 195

Part 5
부드러운 선동

트라우마를 이겨내기 위하여 • 204
엄니…… • 210
The last straw, never ever give up • 214
'길'은 정말 오줌을 쌌을까? • 220
대한민국 평균 남자 P씨의 투표하기 • 225
희망의 볼레로 • 234
큰 배를 짓고 선장을 구하러 • 242

부록

INTERVIEW_ with 고재열 『시사in』 기자
강남좌파 1호 논객, '강남아줌마' • 248

Part 1

강남아줌마,
촛불을 들다

나를 너희 편에 서게 하라

　시골에서 밥술깨나 자셨던 친정아버지는 박정희 대통령이 하나님이었고, 젊었을 땐 『신동아』를, 팔순이 넘은 지금도 신문 정치면을 열심히 보시는 친정엄마는 전두환 시절에 관변단체인 무슨 무슨 어머니회니 여성회 등의 회장 자리를 맡으셨다. 큰오빠는 나는 새도 떨어뜨린다는 권력기관의 고위직으로 퇴직했고, 언니는 명문대학 출신인 것과 상관없이 내가 볼 때는 기독교 맹신자다. 이런 환경에서 자란 나는 당연히 보수층이어야 하지 않을까.
　시골에서 서울로 유학 와서 멋부리는 것밖에 몰랐던 대학 시절,

학우들이 갑자기 우르르 몰려가 데모하는 걸 이해하지 못했고, 휴교로 수업 안 한다고 좋아했는데 고향 집에 가려고 보니 갈 길이 다 막혔다는 소식에 조금 갑갑하긴 했지만, 대신 서울에서 재밌게 놀았던 속 없는 여대생이었다.

의사 사위를 보고 싶어 하는 엄마 소원대로 수많은 의사들과 맞선을 본 끝에 아무것도 가진 것 없는 유학생과 결혼해서 온 가족에게 실망을 안겨주었다. 처음 만난 자리에서 지금의 남편은 살아가는 방법에 대해 이런저런 얘기를 하다가 함께 더불어 살아야 한다는 말을 했는데, 그동안 봐왔던 남자들과는 어딘지 달라서 약간은 충격이었고 왠지 멋있어 보여 쉽게 결혼을 결정했다.

당시 남편은 유난히 정치적인 분위기가 강했던 독일에서 공부하고 있었고, 자연스레 우리의 신혼살림도 독일에서 시작되었다. 그곳에서 6년간 살면서 나는 한국에서는 알지 못했고 관심조차 없었던 사실들을 알게 되었다. 광주에서 벌어진 일과 그 일이 일어난 배경 등 마치 아프리카 원주민이 처음 문명에 눈뜬 것처럼, 그동안 내가 얼마나 무지하고 속물적으로 살아왔는지를 깨달았던 것이다.

그러나 20년이 지난 지금, 더불어 살아야 한다던 남편은 처자식 좀 더 잘 먹이고 윤택한 미래를 준비하느라 과거의 다짐은 이미 잊은 듯하고, 나 역시 다시 외제차와 명품 핸드백의 가격을 유심히 보는 속물이 되었다. 다행히 아직 변하지 않은 것은, 세상에서 가장 중요한 건 사람이라는 생각이다. 그 '사람'에는 내 가족이 우선적으로 포함되지만, 타인의 아픔과 고통을 무심히 넘기지 않는 마음, 내가 아프면 다른 사람도 아프다는 걸 아는 마음이 들어 있다.

자신의 이익을 위해서 타인을 짓밟는 불의를 보면 참지 못하면서도 앞에 나서지 못하고 크게 행동하지 못하는 소심한 정의감, 아이들이 어릴 때 촌지 문제 등 교육이 달라져야 한다며 참교육 활동 열심히 하다가 내가 없는 집에 혼자 있기 무섭다는 딸의 말 한마디에 하던 일 접어버린 가족 이기주의, '종부세 내는 정도는 산다, 이 나이에 소형차 타랴' 하는 지극히 속물적인 마음과 '있는 사람이 더 내고 없는 사람이 덜 내는 평등 사회'를 지향하는 생각이 내 안에서 가끔 충돌하고 갈등한다.

노무현 대통령 탄핵 때는 청와대 앞을 기웃거리며 노란 리본을 달고 열심히 촛불도 들고 나섰지만, 그 후 변기가 막혀도 '노무현 탓'을 하는 사람들 앞에서 아무 말 못했던 비겁한 사람이다. 돈이 많았으면 좋겠다, 더 호화롭게 살았으면 좋겠다는 바람과 깨끗하지 않은 검은 돈, 향응은 절대 거부하는 청렴함이 모순되는 이중적인 사람이기도 하다. 결국 나는 적당히 세속적인 욕심을 가진 평범한 사람일 뿐이고 어쩌면 기득권층을 옹호하는 보수 세력이 득세하는 게 더 유리한 사람이기도 하다.

그럼에도 불구하고 '그들'이 혐오스럽고, 불순하게 느껴지고, 죽어라 싶다. 인간에 대한 애정 없이 자기의 안위만을 걱정하는 사람들, 타인에 대한 배려라고는 눈곱만큼도 없이 개인의 욕망에만 충실한 사람들, 세상을 보는 눈이 너무 좁아 도대체 소통이 안 되는 사람들로 보이기 때문이다.

정책 하나하나에 국민의 안위는커녕 자기 세력의 이익만을 도모하는 사람들이 장막을 치고, 장막 뒤에선 자기와 생각이 다른 사람들을 중국 문화혁명 때 하방 내보내듯 자르고 쫓아내는 걸 보면 혐오감을 넘어 두려움까지 느낀다.

나는 급진적인 변화를 바라는 쪽도 아니고 세상이 뒤집어지는 걸 원하지도 않는다. 세상의 모든 사람들이 똑같이 잘사는 사회가 있다고 믿을 만큼 순진하지도 않다. 그저 힘 있는 자가 약자를 짓밟지 않는 사회, 약자에게 조금 더 배려하는 사회, 누구에게나 기회를 주는 사회, 국가와 사회가 나를 버리지 않을 거라는 믿음을 주는 나라의 국민이고 싶은 보통 사람일 뿐이다.

> **세상에서 가장 중요한 건 사람, 내가 아프면 다른 사람도 아프다**

또 나는 이른바 중산층이다. 평범한 인간으로서 욕망을 갖고 있고 잘살고 싶다. 가족과 함께 촛불 아래서 고기를 자르고 있을 때 한쪽에선 해고 노동자가 목숨을 버리는 현실에 대한 죄의식, 내 아이들 해외여행 다닐 때 비싼 등록금을 벌기 위해 하루 종일 아르바이트를 뛰고도 삼각 김밥으로 끼니를 때우는 대학생들에 대한 죄의식, 졸업하고 나서도 학자금 대출 빚에 짓눌리고 비정규직을 헤매는 젊은이들에 대한 죄의식…… 적어도 내가 잘못하지 않은 것들로 인해 느끼게 되는 수많은 죄의식에서 놓여나 마음 편하게 잘살고 싶다.

그러니 '그들'이 하는 일이 정당하다고, 옳다고 누가 나를 설득시켜주면 좋겠다. 선거 때마다 조마조마한 마음으로 한 표라도 얻기 위해 전화통에 매달리지 않고, 그들의 무리에 끼어 느긋하게 투표하고 싶다. 텔레비전 앞에 길게 누워 오징어 다리 씹어가며 '우리 편'이 이기는 걸 보고 싶다. 그러니 당신들이 '정의'라고 나를 설득해달라. 내가 잘못 생각한 거라고, 틀린 거라고, 내 어깨를 잡고 흔들어서라도 나를 가르쳐달라.

그래서 나를 너희들 편에 서게 하라, 제발……

강남아줌마, 촛불을 들다

대학 다니는 아들에게 문자를 보냈다.

"행동하는 신앙! 일곱 시에 청계천으로 가라. 엄마는 토요일에 뜬다."

신앙심 깊고 생각은 올곧지만 촛불까지는 미처 생각하지 못했던 아들은 그날 시청 앞에서 처음 촛불을 들었고, 정작 나는 서울광장으로 나가기로 한 토요일에 갑자기 문상 갈 일이 생겨서 촛불 대신 부지런히 젓가락을 놀려야 했다.

그날 그 자리에 둘러앉은 사람들 모두 심성이 선량한 이들이라 정치적인 의견은 달라도 가끔 얼굴을 보는 사이였고, 종부세 때문에 이명박을 찍은 사람들이었다. 물론 자식 교육에 목숨 걸고 나름대로 착실하게 재테크해서 모은 재산 축내지 않으려는 소시민적인 이기심으로 단순하게 이명박을 찍었을 터이니, 크게 탓할 생각은 없었다. 뉴타운, 부자 감세, 대운하…… 다들 자기 이익 앞에선 무너지는 게 인간 아닌가.

몇 마디 이야기를 나누다가 내가 촛불집회 가려다가 못 갔다고 했더니 마치 나를 철없는 여자 보듯 하며 '촛불집회에도 뭔가 정치적인 의도가 있을 거다, BBK는 이명박이 사기 당한 거다, 노무현은 학벌 콤플렉스가 심하다'는 이야기를 줄줄이 늘어놓았다. 너무도 확신에 차서 말하기에 처음엔 어안이 벙벙했다. 나는 여태까지 그들이 이명박의 거짓을 알면서도 자신들의 이기심 때문에 찍었을 뿐이라고, 알면서 찍는 게 더 나쁠 수도 있지만 아무튼 물질에 약한 인간들일 뿐이라고 생각했지, 왜곡된 사실이나 뻔한 거짓을 진실이라고 믿고 있을 줄은 몰랐다.

강남에 집 두어 채씩 갖고 있고, 이젠 재산 늘리기보다 지키는 데 더 바쁠 정도로 경제적인 여유가 있으며, 독실한 신앙심에 남을 위한

> 중산층의 이기주의로 똘똘 뭉친, 설득 불가능한 사람들 속에서 소통은 단절되고

봉사도 열심히 하고, 최고 학부를 나와 사회현상에 무지하지 않은 사람들이지만, 그것과는 상관없이 중산층의 이기주의로 똘똘 뭉쳐 있는, 그야말로 절대 설득 불가능한 철벽같은 사람들일 줄은 몰랐던 것이다.

"나도 종부세 내지만, 집값 몇 억 올랐는데 세금 조금 더 내는 게 옳은 일 아니냐?"라고 기어들어가는 목소리로 되받았더니, "조금밖에 안 내지? 몇 천씩 내봐!" 하는 타박만 들었을 뿐이다.

문제는 일단 자기 손으로 한 번 뽑은 대통령이니 검은 것도 하얀 거라며, 쇠고기 수입이건 영어교육이건 대운하건 자기 선택을 합리화하기 위해서라도 무조건 편을 든다는 것이다. 더 이상 말을 섞는 건 소모적인 일이라 싶어 앞에 놓인 반찬들만 열심히 집어 먹었다. 합리적이고 상식적인 사고는 실종되고, 억지와 우김질만 되풀이되는 관계 속에서 느끼는 소통의 단절에 고기 맛이 쓰다.

사실, 우리나라에서는 가까운 사람끼리라도 정치적인 이야기를 꺼내는 건 금기사항이다. 단순하게 '좋은 사람'이라고 여겼던 사람이 아무 생각 없는 이른바 '무개념'인 걸 알았을 때, 나름대로 자기 철학이 있어 보이던 사람이 기득권의 옹고집임을 알았을 땐 꺼냈던 정치 이야기는 일단 접고 재테크, 사교육에 관한 정보의 홍수에 빠지는 게 차라리 마음 편한 일이다. 그런 분위기에서 나 같은 사람은 나잇값 못하는 철부지, 쓸데없는 일에 신경 쓰는 아줌마답지 않은 아줌마, 잘해 봤자 정치적으로 편향된 사람 취급을 받을 뿐이다.

옛날처럼 내 자식이 데모하지 않으면 고문 받을 일 없고, 녹화사업이라고 군대 끌려가 프락치 교육 받을 일 없고, 월급쟁이 남편이 술 먹고 헛소리 하지 않으면 삼청교육대 끌려갈 일 없는 '좋은' 나라에서, 나는 주변 사람들과 엇비슷하게 장단 맞추며 압구정동에서 편히 누워 뱃살 빼는 법, 동안으로 만들어주는 청담동 피부과, 혓바닥 춤추게 하는 맛집에 관한 정보나 교환하며 즐거이 살면 될 일이다.

그런데 당장 내 입으로 들어올 쇠고기가 미국에서 수입되고, 그것도 광우병 위험이 있는 30개월 이상 된 고기와 뼈, 내장까지 들어온단다. 국민들이 싫다는데도 갖다 바치다시피 한 미국과의 굴욕적인 협상 타결과 도대체 국민들의 안전과 의견에는 관심이 없는 정부에 화가 난다.

정치공학적인 이야긴 모른다. 하지만 당장 먹을거리에 관계되는 일에 정치인들이 무관심하다면 자식 키우는 부모, 음식을 만들어내는 주부라도 항의하고 반대해야 한다. 국민들에 의해 만들어진 정부가, 국민을 위해 존재해야 하는 국가가 국민을 무시하면 존재의 의미가 없다. 그러니 국민이 직접 나설 수밖에 없다.

이렇게…… 강남의 아줌마 한 명, 촛불을 들게 된다.

1940년 중국과
현재 대한민국

정부는 우리의 부모다. 우리를 때리고 욕하고 빼앗거나, 이빨을 때려 부러뜨려도 우리는 받아들일 수밖에 없다. 문제의 심각성은 또 이런 데 있다. 우리 민간에는 지사(志士)적인 사람이나, 이상하게 특수한 재능을 지닌 사람들이 있다. 그런데 이상하게 그들은 이런 때 나타나 우리 편에 서지 않고 반대편에 선다. 우리 쪽에 서서 무슨 이익이 있겠는가? 그래서 정부 쪽에 서서 정부를 대신한다.

• 류전윈(劉震雲), 『닭털 같은 나날』, 「1942년을 돌아보다」, 소나무, 1992, 283쪽

이건 내가 한 말이 아니다. 그리고 21세기의 말도 아니다. 1942년과 1943년 중국 허난성(河南省)에 가뭄과 메뚜기 떼로 3백만 명이 굶어 죽었을 때, 정부 관료의 행태를 이른 말이다.

이렇게 정부 쪽에 서서 정부를 대신하는 특수한 재능을 가진 사람들이 우리나라에도 많다. 국회의원의 평균적인 학벌만 보더라도 대한민국 상위 계층이고, 그들 전부 뒷구멍으로 그 학교에 들어가지 않은 한 어느 정도 지능과 재능이 있는 사람들일 게다.

자라온 환경 때문에 정치적인 의견이 굳어질 수도 있지만 개인의 욕망에 충실하기 위해, 가진 것을 지키기 위해, 남과 차별화된 자신을 위해 애초부터 작정하고 그 '특수한 재능'을 키운 사람들도 있을 테고, 핑그르르 한 바퀴 돌면 변신하는 원더우먼처럼 양심의 가책 없이 간단하게 기득권 세력으로 옮겨 앉은 사람들도 있을 것이다. 명문대학을 나와 그 어렵다는 국가고시에 합격하고 그 분야에선 똑똑하단 말도 꽤나 들었을 법한 사람들이 옳지 않은 정부를 편들기 시작하면 도대체 이성적으로는 해독 불가한 말들을 엮어댄다.

당시 중국 정부 편에 선 뛰어난 재능의 소유자 중 한 명이 누구나 한 번 먹으면 7일 동안 배가 고프지 않는 식품을 만들어 기아를 해결하고 있다면서 어린애에게나 통할 거짓말을 했다. 우리 정부 관료, 정치인들도 그들과 다르지 않다. 누가 봐도 알 수 있는 동영상과 자기 이름이 박힌 명함까지 부정하면서 방어 논리 따위도 사치스럽다는 듯 "가짜다, 주어가 빠졌다"고 한다. 어떤 나라도 하지 않는 불공정 계약을 맺고도 "우리 국민은 앞으로 값싸고 질 좋은 미국산 쇠고기를 먹을 수 있게 됐다. 미국이 우리에게 준 선물이다"라고 한다. 한 번 먹으면 배고프지 않다는 식품과 다를 바가 없다. 얼토당토않은 말이니 그들 스스로도 거짓말임을 잘 알고 있다.

"광우병은 정치 선동!"이란 현수막을 내걸고 미국산 등심 스테이크 시식회를 연 한나라당 국회의원들은 "한우보다 맛있다!"며 감탄사를 연발하고, 광우병에 걸린 쇠고기도 위험한 부위만 아니면 먹어도 된다며 쇠고기 정국을 "거짓말 광풍"으로 매도한다. 그들은 특수한 재능을 이렇게 정부를 위한 거짓 선전에 이용한다. 까만 것을 하얗다고 주장하는 뻔뻔스러움, 남에게 책임을 전가하는 비겁함, 억지 논리와 궤변으로 꾸며대는 정치적 수사…… 그들이 터득한 배움과 지식은 인간이 성장하는 데 도움이 되기보다는 자신과 타인을 속이는 데 이용되는 수단일 뿐이다.

당시 순진한 중국 농민들은 가뭄과 메뚜기를 아사의 원인으로 생각했지만, 사실은 장제스 정부의 무관심과 구호금으로 내려오는 돈과 물자를 합법적·비합법적으로 떼어먹은 정부와 지방 관리들, 그리고 은행들의 수탈이 진정한 이유였다.

마찬가지로 지금 우리 국민들이 어려움에 처한 것은 천재지변 때문도 아니고, 세계경기 위축에 따른 실물경제의 악화 때문도 아니다. 농민의 몫인 쌀 직불금을 공무원 정치인들이 가로채고, 중소기업에 돌아갈 몫을 대기업이 가져가고, 골고루 나누어져야 할 부(富)가 한 곳으로 편중되는 걸 오히려 부채질하는 정부의 정책 탓이 크다. 그럼에도 불구하고 많은 사람들이 지금 경제적으로 힘든 이유가 개인의 불운, 팔자, 운명 탓이려니 한다. 한 귀퉁이 뜯어 던져 준 빵 한 조각이 원래 자기 몫이라는 걸 모르고 큰 조각을 가진 그들에게 감사하며, 그들과 나는 원래 태생부터 다른 사람이라고 생각한다.

> 특수한 재능을 정부를 위한 거짓 선전에 이용하는 자들, 다시 대한민국 정치는 후퇴하고 있다

하지만 자신의 몫과 권리를 알지 못하는 건 국민들이 우매해서가 아니다. 오랜 세월 동안 순종과 복종을 강요당하며 깨달음을 얻을 기회도 없이 착한 마음, 욕심 없는 마음으로 현실에 만족하는 것이 행복이라고 끊임없이 주입받아왔기 때문이다. 소수의 생각 있는 사람들의 저항으로 우리 몫의 일부를 찾긴 했지만, 다시 대한민국 정치는 후퇴하고 있다. 1940년대 중국의 실정과 지금 우리나라의 현실을 비교하는 게 전혀 무리가 없을 정도고, 정치인들의 정신세계나 행태가 그 옛날 중국의 그것과 좌우대칭 데칼코마니처럼 닮았다.

장제스에겐 가난한 자의 배고픔쯤은 헛소문, 엄살에 지나지 않았고, 중국 정부는 굶어 죽는 아이들의 참상을 끝까지 외면하다가 외국 기자에 의해 『타임스』에 낱낱이 까발려졌다.

> 만약 정부가 아이들이 수없이 굶어 죽어도 관여하지 않고 그 책임을 미룬다면 그 정부는 오래 존속하지 못할 것이고, 존재할 필요도 없다.
>
> • 류전원, 위의 책, 277쪽

이 보도에 대해 장제스의 부인이자 뛰어난 외교 수완가인 쑹메이링이 『타임스』에 격렬히 항의했지만 그녀의 항의는 받아들여지지 않았다. 신기하게도 이 기사는 2008년 대한민국의 금융위기 정국에 대입해도 하등 이상할 것이 없다. 대한민국의 정치인들에게도 한국의 금융위기에 대한 네티즌과 국민의 아우성은 괴담이고 루머이고 허튼소리일 뿐이었는지 정부는 이를 철저히 외면했고, 외신은 한국의 실태를 보도했으며, 정부는 이에 항의했다. 해외 언론들이 한국의 금융 상황을 위기로 표현하자, 정부는 발끈해서 『헤럴드 트리뷴』, 『월스트리트저널』, 블룸버그 통신사 등에 항의했고, 한국 정부의 반박에 영국의 경제주간지 『이코노미스트』는 해당 기사가 잘못되지 않았음을 여러 가지 근거로 반박했다.

우리의 실정과 국민의 외침이 외국 언론에 알려지지 않을 리 없건만, 정부는 어리석게도 국내의 언로만 막으면 되는 줄 알고 방송사와 인터넷을 규제한다. 정부의 경제정책과 외환시장 개입에 대해 날카로운 비판을 하던 인터넷 논객 미네르바를 결국 전기통신기본법 위반이란 죄명으로 구속했다. 시대가 바뀌고 국민의 의식이 바뀌고 있는데, 정부의 인식은 1940년대 중국과 다름없이 억누르고 잡아들이고 겁박하는 걸로 문제를 해결하려 하니 매듭은 점점 얽힐 수밖에 없다. 그 옛날 중국에서 태어났다면 나 같은 사람은 하늘과 운명을 원망하며 굶주림에 지쳐 죽었을지 모른다. 그러나 오십대를 앞둔 평범한 여자가 컴퓨터 앞에서 자료를 찾고, 정부 행태의 부당함에 작은 몸짓이나마 항거한다는 건 그만큼 국민이 달라지고 있다는 것이다.

방송을 장악하고, 언론을 통제하고, 인터넷을 규제해도 우린 이미 옛날의 우리가 아니다. 정보를 나눌 수단이 있고, 민주주의의 달콤한 맛도 알아버려, 이젠 아래로 내려갈 수 없는 높은 수준의 의식을 가진 국민이 되어가고 있다.

우리는, 나는…… 달라지고 있다. 아주 무섭게……

여자를 감동시키는 것은

컴퓨터 앞에 있으면 사회 현실이 마치 전시 상황처럼 급박해서 덩달아 흥분하고 감정이 격앙되다가도 잠시 눈을 돌려 창밖을 보면 세상은 너무 평화롭다. 밝은색 티셔츠와 반바지 차림의 젊은이들, 아이스크림과 냉커피를 손에 든 회사원들, 이제 막 산에서 내려온 듯 등산복을 입은 아저씨들, 농구공을 들고 땀을 흘리며 즐거워하는 아이들…… 어떤 게 진짜 세상인지 어리둥절해 잠시 현기증이 난다. 강한 햇살에 노출되면 눈을 찡그리고서야 겨우 형체를 구분할 수 있듯이, 마치 나는 꿈과 현실의 불분명한 경계에 서 있는 듯하다.

한쪽에선 비명을 지르고 짓밟히고 분노하고 포효하고 권리를 주장하고 있는데, 다른 쪽에선 그런 일이 벌어지고 있는지조차 모르고 관심도 없다. 결국 목소리를 높인 이들의 피와 희생으로 따온 다디단 과일은 아무것도 모르는 사람들이 먹게 될 것이다. 언제나 역사는 그렇게 만들어졌다.

비겁한 나는 그 중간에서 오늘은 처리해야 할 일이 있어서, 남편이 출장에서 돌아오는 날이어서, 몸이 너무 안 좋아서 등등 매일매일 핑계가 있다. 그 핑계로도 합리화가 안 된 마음은 괴롭기만 하다. 차라리 아무것도 몰랐으면, 나 자신 외엔 아무것에도 신경 쓰지 않고 돌아가는 세상에 무관심했다면, 조중동이나 열심히 보면서 아침 드라마에 영혼의 반쯤 내어주고 살았다면, 신문에 나왔잖아, 뉴스에서 말했잖아, 높은 사람이 발표했잖아 하며 그 말을 곧이곧대로 믿는 순진한 사람이었다면, 그들의 비열한 속성을 꿰뚫지 못했다면……

설마 백성에게 나쁜 걸 먹일까? 한 나라의 대통령이 그럴 리가 없어. 나라님이 국민의 건강을 팔아먹고, 말끝마다 사기 칠 리가 없어. 게다가 교회 장로님이시잖아. 우리의 우방 미국이 한국 사람에게 못 먹을 쓰레기를 팔아대진 않을 거야. 배후가 수상한 폭도들 때문에 어쩔 수 없이 무력 진압을 한 걸 거야. 언제나 반대만을 일삼는 사람들은 있으니까. 반골들 같으니라고…… 그러면서 마음 편히 살지 않았을까. 배부른 돼지처럼 모르고 당하고, 모르고 병 걸리고, 모르고 죽고……

어차피 알아버렸다. 국가는 국민을 위해 존재한다는 말이 꼭 참인 세상이 아닐 수도 있다는 것을, 입만 열면 거짓말을 해대는 사람도 대통령의 자리를 차지할 수 있다는 것을, 국민이 사기와 착취의 대상이 될 수도, 국가가 개인적 치부의 수익 대상이 될 수도 있다는 것을……

그래서 지금 내가 속한 밝은 햇살이 더욱 죄스럽게 느껴지고, 몸은 햇살 속에 있어도 눈과 귀는 온통 광화문에 쏠려 있다. 집에 앉아 느긋하게 따뜻한 햇볕을 즐기는 일, 예능 프로그램을 보며 깔깔 웃어대는 일조차 죄스럽다. 결국 주섬주섬 가방을 챙기고 옷을 입고 거리로 나선다.

전철을 갈아타고 종각에서 내린다. 평화적인 촛불집회, 문화행사조차도 못하게 청계광장을 막아놓았단다. 종각 앞에 드문드문 사람들이 앉아 있고, 고개를 들어보니 커다란 전광판에서 소리는 나지 않지만 이효리가 반복해서 날씬한 허리를 비틀고 있다.

전날의 폭우로 서울의 공기는 한껏 맑았고, 간밤에 무슨 일이 있었는지 시치미를 떼고 있는 명랑 서울은 경쾌하기까지 하다. 수십 대의 전경 버스들과 수천 명의 전경들로 포위된 시청광장, 광화문, 청계천을 보지 않았다면 아무 일 없다고 깜빡 속을 뻔했다.

비교적 앞자리에 앉은 내 시야엔 이제 조인성의 멋진 미소와 수백 개의 풍선, 그림 같은 집, 행복해하는 여자의 표정이 잡힌다. 그 그림 아래에서 방송차를 빼앗긴 시민들이 우렁찬 목소리로 선창하는 구호를 따라 외치지만 아직은 힘이 없다. 해가 지려면 몇 시간 더 남았고, 자리가 차길 기다리는 막간에 가지고 온 책을 펼쳐들었다. 남자의 심리에 관한 책인데 이 분위기와는 전혀 어울리지 않는다. 왜 이걸 집어왔을까? 잠시 딴 생각에 빠져 있는데, 갑작스런 환호성이 들려온다. 고개를 들어보니 저 멀리 명동 쪽에서 행진해온 몇 천 명의 시민들이 보인다. 그러자 마치 전쟁터에 지원군이 도착한 듯 다들 얼굴색이 달라지고, 성량 작은 마이크로도 힘찬 목소리가 선명하게 들리니 돌연 활기를 띤다.

전날의 격렬한 진압에 항거하기 위해 오늘은 더 격렬하지 않을까, 우려하면서도 머릿수 하나라도 더 채우면 낫지 않을까 해서 자리를 지키는 휴일 밤. 낮의 뜨거운 열기와 달리 바람이 차갑다. 잠시, 여기서 물대포를 맞으면 엄청 춥겠군, 하고 생각하는데, 경찰이 최루탄을 준비하고 있으니 마스크를 쓰라는 통문이 돌려진다.

'앗! 마스크를 깜빡…… 아참, 수건을 가져왔지롱~~'

나의 준비성이 몹시 기특해서 내 손으로 내 머리를 쓰다듬어주려고 손을 들다가 대각선 방향에 앉은 자그마한 체격의 어린 아가씨가 눈에 띈다. 헬멧에 고글, 마스크까지 완벽하게 준비해온 그녀를 보고는 쓰다듬으려던 손을 조용히 내렸다.

전광판에선 각종 뮤지컬의 신나는 장면이 펼쳐진다. 춤추고 노래하는 꿈같은 세상이다. 그들은 인생이 행복해 죽겠다는 표정이고, 그 아래에서 낯선 운동가요를 따라 부르는 나는 '행복'에 대해 줄기차게 생각한다.

　생각만 해도 좋은 사람과 같이 있는 것, 읽고 싶은 책을 열 권쯤 쌓아놓고 이 책 저 책 맛봐가며 한 권씩 덮어가는 것, 남에게는 말 못할 자식 자랑과 칭찬을 같은 편인 남편과 시간 가는 줄 모르고 하는 것, 힘든 하루를 보내고 마음 맞는 친구와 술 한잔 나누는 것, 휴일 늦은 아침 눈을 뜨면서 아련하게 들려오는 바깥의 소음과 함께 부지런한 어느 집 주부의 음식 냄새를 맡는 것, 아직 덜 깬 눈으로 커피 한잔을 마시고 강아지 밥을 챙겨주며 느긋한 하루를 기대하는 것, 아침에 빛나던 얼굴로 나간 아이를 떠올리는 것, 물기를 흠뻑 머금은 스티로폼 박스의 채소에서 싱싱한 푸른빛을 보는 것, 오늘보다 나은 내일을 상상하며 계획하는 것, 다음 달에 끝나는 적금의 용처를 나누며 뿌듯해하는 것, 내 아이 앞에 펼쳐질 미래를 상상하는 것……

> 권력과 돈의 천박성이 국민을 억압하는 힘이 되다니……
> 그들의 국민인 게 자존심 상한다

　행복은 그리 멀지도 않고 거창한 것도 아닌, 크게 욕심 부리지 않고 살다 보면 누구나 가질 수 있는 별로 어렵지 않은 일이다. 인생사에서 곳곳에 숨어 있는 복병들이야 나 혼자 겪는 일도 아니고 가끔은 새옹지마, 전화위복이 되기도 한다. 그래서 특별히 불행할 이유가 없는 내가, 먹고 싶지 않은 건 먹지 않을 자유와 너무 당연하고 기본적인 행복권을 주장하기 위해 이 좋은 여름밤에 차가운 시멘트 바닥에 앉아 있을 줄은 몰랐다.

이 작은 행복권을 외친다는 이유로 내란행위, 국가전복 세력인 양 물대포를 쏘고 개 잡듯이 몽둥이로 때리고 집까지 쫓아와 잡아들인다는 위협을 받게 될 줄 몰랐다.

미국산 수입 쇠고기를 먹으라는 정부의 강요가, 감옥에서 단식투쟁을 하는 죄수에게 손발 채워놓고 억지로 벌린 입에 음식물을 우겨 넣는 것처럼, 입이…… 아프다.

지글지글 곱창, 뽀얀 곰국과 설렁탕, 기름을 걷어낸 시원한 냉면 육수, 소시지, 햄버거…… 사소하지만 우리를 행복하게 만드는 작은 즐거움을 이젠 접어야 할지도 모른다. 그러나 먹지 않으면 아무 문제가 없는 걸까? 단지 그뿐일까? 채식만 하는 사람도 있고 쇠고기 아니어도 세상엔 먹을 게 많다.

우리가 진정 분노하는 건 국민들의 행복권에 대해서는 조금도 관심이 없는 대통령과 정부, 행복은커녕 주는 대로 먹지 않으면, 시키는 대로 하지 않으면 반역 죄인인 것처럼 몰아세우는 그들 때문이다.

권력과 돈의 천박성이 21세기에 국민을 억압하는 힘이 되다니…… 가진 건 권력과 돈뿐인 형편없는 이들이 지배 세력이라는 게, 그들의 결정을 따라야 하는 국민이라는 게 자존심이 상한다.

다시 전광판엔 와인 빛 드레스를 입은 뇌쇄적인 여자와 함께 자막이 흐른다. "여자를 유혹하는 것은 남자가 아니다. 여자를 감동시키는 것은 음악이 아니다."

그다음 장면에는 맛있게 익어가는 스테이크가 등장한다. 재밌다. 미국산 수입 쇠고기를 반대하며 앉아 있는 자리에서 스테이크 광고를 보게 되다니…… 여자를 감동시키는 것은 스테이크라니……

여자를 감동시키는 것은 맛있는 스테이크가 아니다. 국민을 감동시키는 것은 청계천의 물소리가 아니다. 당신이 대기업의 CEO였다는 자랑도, 잘살게 해주겠다는 거짓 맹세도 아니다. 우리를 감동시키는 것은 당신의 진심 어린 사과와 국민의 행복에 대해 고민하는 모습이다. 그리 어려운 일도 아니다.

여자를, 국민을 감동시키는 일은 행복한 일이기도 하다.

다시 이삼십대로 돌아가서

    대학생활을 하면서 누구에게도 간섭받지 않던 이십대엔, 육아에 시달리는 삼십대 언니에게 삼십대엔 무슨 재미로 사냐고 물었고, 혹시 애 둘 키우면서 미쳤다는 여자 본 적 없냐고 물을 만큼 육체적으로 힘들어도 애들 키우는 재미에 빠졌던 삼십대엔, 사십대가 돼가는 언니에게 사십대엔 도대체 무슨 재미로 사냐고 물었다.
    이제 사십대를 막 넘긴 지금, 아무에게도 묻지 않는다. 어떤 일이든 닥쳐보고 경험해봐야 아는 것이다. 아무리 힘들고 지루해 보이는 시기에도 그만큼의 즐거움이 있고, 행복해 보이는 모습 뒤에는 숨겨진 어려움이 있다는 걸 아는 나이가 되었다.

　IMF가 닥쳤을 때는 월급쟁이라 그다지 현실을 실감하지 못하다가 남편의 직장 문제로 예정대로 미국행을 진행하면서 날마다 올라가는 환율에 가야 하나 말아야 하나 망설이다 결국 떠나게 되었다. 1달러를 쓰면서도 깜짝깜짝 놀래다가 2년 만에 돌아오니 그전에 동네에서 에어로빅이며 헬스며 같이 운동했던 친구들이 모두 이사를 가고 없었다. 타워팰리스, 도곡동, 청담동의 더 넓은 아파트로.

　남들 힘들다는 IMF 때도 돈 버는 사람은 따로 있었다. 내수보다는 수출만 했던 그 친구들은 환차익으로 가만히 있어도 돈이 불어 집 넓히고 애들 유학도 보내고, 지금도 수영하냐는 물음에 이 나이에 옷 벗을 일 있냐며 골프채를 휘두른다. 어느새 나와는 한 끗발 차이가 난 것이다.

　사실, 배는 조금 아팠다. 고만고만하게 살면서 남대문시장 같이 다니고 백화점 세일 챙기던 사람들이 사는 곳이 달라지니 사람 상대하는 태도, 세상 보는 눈 모두 달라졌다. 강남에서도 대치동 위쪽 아니면 한 수 아래로 보고, 가난한 사람은 가난한 이유가 있다며 서슴없이 말한다. IMF 덕분에 거리에 차가 없어 좋고, 진짜 부자들과 어중간한 사람들 사이에 변별성이 있어 좋다고 한다. 하긴 우리도 그 무렵 지금 살고 있는 아파트를 샀으니 손해 본 장사는 아니었다.

　이제 그때보단 우리도 조금은 잘살고 전기세, 수도세 정도는 신경 쓰지 않는 형편이 되었다. 빈도수를 줄이면 한우 정도는 사 먹을 수 있다. 아직까지 큰 병 없고 여기저기 보험도 들어놔서 병원비는 크게 걱정하지 않는다. 그까짓 거 기름 값? 기름 값이 오르면 차량도 줄어들 테니 그만큼 절약되는 것도 있을 게다. 이렇게, "나는 상관없어, 자기 몫만큼 사는 거지……" 하며, 나도 기득권층, 중산층임을 나 자신에게 반복해 말한다.

그런데 허망하다. 부자 감세를 하고 부족한 세수는 약자들을 위한 복지예산에서 떼어 메우려 하는 걸 보면 마음이 불편하다. 장관 후보자들이 "땅을 사랑해서, 자녀 교육을 위해서, 시간이 지나서"라며 부동산 투기와 위장 전입과 병역 미필을 변명하는 걸 보면 비위가 상한다. 개인적인 의견이 아닌 정부의 공식 발표조차 속 보이는 거짓말인 것에 경악하고, 숨겨진 저의를 찾아야 하는 게 피곤하다.

내 바람이나 생각과 다르더라도 진실이라고 여겨지면 "어차피 세상은 그런 것"이라며 그럭저럭 살아가겠는데, 아무런 양심의 가책도 없는 뻔한 속임수를 읽으면서도 어찌할 수 없는 무력감에 스멀스멀 분노가 차오른다.

원하지 않은 사람이 대통령이 될 때도, BBK 동영상을 보면서도, 대통령이 되기 전에 했던 공약들이 얼마나 위험한지를 알면서도, 그 공약들도 그저 거짓말에 불과하겠거니 싶어 크게 걱정하지 않았고, 보기 싫은 얼굴이야 텔레비전만 안 보면 그만이라고 생각했다. 이십 대 때 삼십대가 누리는 즐거움을 몰랐듯이 어쩌면 다른 즐거움이 있을지도 모른다고 믿는 구석도 있었다.

미국산 쇠고기 개방에 합의했다는 뉴스를 처음 들었을 때만 해도 '축산 농가만 죽어나겠군······' 하며 남의 걱정이었지, 이 정도로 굴욕적인 외교인 줄 몰랐다. 사약 받길 거부하는 것처럼 미친 쇠고기 안 먹겠다고 온 국민이 소리쳐 외쳐도, 억지로 입을 벌려 먹이려는 대통령, 정치인, 경찰을 위해 세금을 내게 될 줄은 몰랐다.

> 누구 하나 잘못했다고 반성하는 사람 없이 제멋대로인 정책······ 나는 막아야겠다

강남의 어느 초등학교가 열린 교육을 한다는 소식을 신문에서 보고 그 학교 앞으로 이사를 갔는데, 얼마 안 가 교장이 교체되더니 학교 분위기가 다른 학교와 마찬가지로 완전히 바뀌고 말았다. 그때 나는 학교가 교장 한 사람 바뀐다고 그렇게 180도로 바뀌는 게 의아했다. 사회에 나와 한 번도 조직에 속해본 적이 없었기에 순진하게 생각했던 것이다. 그래서 학교뿐만 아니라 어느 조직이든 수장이 바뀌면 전체가 바뀌고 시스템이 바뀌고, 게다가 숨죽이고 있던 탐욕스런 사람들까지 바퀴벌레처럼 구물구물 기어 나올 줄은 몰랐다.

남과 한 식구가 된 낯선 이십대, 출산과 육아라는 분주한 인생의 격변기인 삼십대를 거친 후 맞은 사십대의 여유로움처럼 그동안 김대중 정부와 노무현 정부를 거치면서 민주화된 사회, 선진화된 사회의 토대 위에 이 정부 역시 여유롭게 흘러갈 줄 알았다.

정부 정책에 반대하는 시민들에게 회칼을 휘두르고, 가스통으로 위협하는 보수단체들의 깡패 짓이 공권력의 보호를 받는 세상, 소비자운동 하는 사람들에게 출국 금지라는 올가미를 씌우며 거대 언론과 정부의 눈치 보기에 바쁜 검찰, 인위적인 환율 개입, 경제 위기, 물가 상승…… 어느 누구 하나 잘못했다고 반성하는 사람 없이 제멋대로인 정책, 누구에게 책임을 둘러씌울까 잔머리만 굴리는 정치인들…… 다시 과거로 회귀했다.

열심히 살았던 이삼십대가 있어서 안정된 사십대가 있거늘, 지난 이삼십대를 잘못 살았다고 부정하는 인생 말년이 좋을 순 없을 것이다. 잃어버린 10년이라며 지난 시간들을 부정하는 그들이 만든 세상이 이렇다. 그들이 잃어버렸다는 10년 동안 조금씩 쌓아온 민주적인 절차, 시민의식, 믿음들을 부정하면서 그들이 만들려고 하는 세상은 어떤 세상인지 궁금하다.

그게 어떤 세상이든 나는 막아야겠다. 할 수 없다. 다시 이십대 삼십대처럼 열심히 치열하게 사는 수밖에. 게으르고 느긋한 중년의 아줌마가 다시 신발끈 묶고 뛰는 열정적인 청춘으로 돌아가게 생겼다.

고맙기도 하지. 다시 젊음을 되찾게 해줬으니……

악은
악일 뿐

손이 시려 호주머니에 손을 넣으니 뭔가가 잡힌다. 혹시 돈? 오랜만에 안 입던 옷을 입거나 핸드백을 바꿔 들려다 보면, 생각지도 않은 횡재를 할 때가 많아 조삼모사 원숭이처럼 들뜬 기분으로 손에 잡힌 종이를 꺼냈다.

꼬깃꼬깃 구겨진 신문지 한 조각이다. 얼마 전 동네를 산책하던 중에 읽다가 다시 차분히 읽을 생각으로 아무렇게나 주욱 찢어서 넣어뒀던 칼럼이다.

수백만 명의 유대인 학살을 지휘했던 아돌프 아이히만이 너무나 멀쩡하고 평범한 사람이었다는 걸 예로 들면서, 악행은 인간의 악마적 속성이 아니라 사고력의 결여에서 나온다는 정치철학자 한나 아렌트의 '악의 평범성'에 관한 글이다.

> 악한 일은 대부분 사악함 때문이 아니라, 스스로 하는 일의 의미를 깊이 생각하지 못한 데서 온다. 평범하게 살아가는 사람들이 스스로 인식하지 못한 상태에서 커다란 악을 저지를 수 있다.

그와 반대로 피터 드러커란 경영학자는 이렇게 말한다.

> 악은 절대로 평범하지 않다. 악행을 하는 사람이 평범할 뿐이다…… 악은 결코 평범하지 않지만 인간은 평범한 경우가 많다. 그렇기에 인간은 어떤 조건으로든 악과 흥정해서는 안 된다. 그 조건은 언제나 악의 조건이지 인간의 조건이 아니기 때문이다.

아렌트의 말도 옳고 드러커의 말도 옳다. 두 사람의 말이 겹치기도 하고 전혀 다르기도 하다. 예전 같으면 이런 글을 볼 때 희대의 범죄자나 연쇄살인범 등 악을 상징하는 인물들을 떠올려 대입했을 텐데, 이제는 자연스럽게 정치인과 그 주변 사람들이 대입된다. 상부의 명령에 충실히 따라 젊은이들을 일본군으로, 처녀 아이들을 정신대로 보내는 일에 앞장섰던 동네 이장, 순진한 애국심으로 일제를 찬양하는 글을 썼던 평생 글밖에 쓸 줄 몰랐던 작가, 술자리에서 들은 말 한마디를 고발하는 평범한 서민들, 마트 전면에 내걸린 '미국산 쇠고기 입하' 현수막을 보고 달려가는 사람들, 선거광고에 나온 국밥집 욕쟁이 할머니처럼 잘살게 해줄 거라는 믿음 하나로 병역 미필에 전과 많은 사람을 대통령으로 만들기 위해 앞장서서 깃발을 흔들었던 사람들……

스스로 인식하지 못한 상태에서 사고력의 결여로 그들 자신이 무슨 일을 저질렀는지도 모르는 사람들, 그들은 아렌트가 말한 것처럼 지극히 정상적인 사람들일지 모른다. 너무나 많은 사람들이 그들과 다를 바 없다는 사실이 문제이고, 무서운 일이다. 그 사람들에게 자신이 행한 일은 악이 아니라 누구나 행하는 당연하고 평범한 일일 것이다.

농민들에게 돌아갈 쌀 직불금을 가로채고, 교육감이란 사람이 사설학원 원장들로부터 선거 비용을 빌리고, 시민들에게 쏘아대는 물대포의 거리 제한 규정을 없애는 발의를 하고, 60세 이상 노동자의 임금을 깎고, 최저임금법을 개정하고, 장애인 복지예산을 축소하고, 비정규직을 2년에서 4년으로 연장하는 사람들은 드러커의 이론에 맞는 사람들일지 모르겠다. 악의 조건과 흥정한 사람들.

그렇다면 전교조 교사들을 해임하고, 뉴라이트 사관(史觀)으로 교과서를 바꾸려는 사람들은 어떤 부류일까. 그들은 정말 잘못되어가는 대한민국이 걱정스러운 사람들일까. 헷갈린다. 그들이 아렌트의 이론에 맞는 사람들이건, 드러커의 말에 맞는 사람들이건 얼마 가지 않아 악행을 저지른 사람들로 남게 될 것은 분명하다.

아렌트와 드러커 둘 다 악을 행하는 사람들이 원래부터 나쁜 사람은 아니라고 말하는 점에선 같지만, 일본의 추리작가 미야베 미유키는 『낙원』이라는 소설에서 그와는 전혀 다른 말을 한다.

제3자에게 절대적인 우위에 서서 그 생사여탈권을 쥐고 지배하는 행위가 인간의 어두운 면을 의외로 강하게 움직여, 다른 행위에서는 얻기 힘든 절대적인 만족감을 가져다준다는 사실. 이 세상을 살아가는 사람에겐 누구나 그런 부분이 있다. 일단 인간의 길에서 벗어나 이 전지전능함을 맛보면 그칠 수가 없다.

그의 또 다른 책 『이름 없는 독』에서는 다음과 같이 말한다.

궁극적인 권력은 사람을 죽이는 것. 다른 사람의 목숨을 빼앗는다는 건 인간으로서 더할 나위 없는 권력 행사야. 금기를 범하며 휘두르는 권력에는 대항할 방도가 없는 거야. 굶주림이 자기 혼을 먹어치우지 못하도록 먹이를 줘야 해. 그래서 다른 사람을 먹이로 삼는 거야. 최고의 권력을 추구하며 도저히 참지 못하고 그 권력을 행사해버린 인간.

두 개의 인용문은 각각 협박자, 살인자에 대한 정의이지만 최고의 권력자인 정치인에게도 해당되는 말이어서, 모든 인간이 가진 작은 권력에 관해 생각하게 한다.

대통령이란 자리가 그렇게 큰 권력인지 잠시 잊었다가, 그 권력을 아낌없이 사용하다 못해 남용하는 패거리들을 보면 그들 자신을 절대적인 우위에 선 전지전능한 존재로 생각하는 건 아닌지, 그래서 "금기를 범하며 휘두르는 권력에는 대항할 방도가 없다"는 걸 온몸으로 보여주는 건 아닌지 하는 생각이 든다.

> 만족감을 위해 악을 행하거나, 본의 아니게 악을 행하거나, 악의 조건과 흥정하거나, 악은 악일 뿐

"굶주림이 자기 혼을 먹어치우지 못하도록 다른 사람을 먹이로 삼는 것"의 예는 18대 여당 의원들에게서 실감나게 봤다. 이들에게 정치란 권력이며, 권력은 "다른 행위에서는 얻기 힘든 절대적인 만족감을 가져다주는 것"이기 때문에, 인간의 어두운 면이 어떤 것인지 어디까지가 독인지 판단할 겨를이 없을 것이다. 권력은 악행의 근본이며 수단이 된다.

유대인에 대한 개인적인 증오가 없었고 상부의 명령에 그저 충실했던 아이히만이 세계 역사에 남을 큰 죄를 '본의 아니게' 저질렀다고 해서 그 죄가 용서되지는 않는다. 또 신념을 갖고 하는 일이라 해서 다 옳은 것도 아니다.

새누리당의 하태경 의원이 "살아 있는 노인들 99퍼센트가 친일했

던 사람이고, 민초들 대부분은 일본이 자기 조국이라고 생각했을 것"이라며 아렌트의 논리로 친일파를 옹호했지만, 친일파나 뉴라이트나 결국엔 권력을 추구하고 권력을 행사하려는 사람들일 뿐이고, 그 역시 뉴라이트의 왜곡된 역사 인식을 가진 사람일 뿐이다.

용산 참사에서도 용역들은 경찰이 시켜서, 경찰들은 상부의 지시로, 경찰 수장은 또 더 높은 곳의 명령으로, 건설회사는 회사의 이익을 위해서, 서울시는 원활한 시정을 위해서 그 일에 가담했을 것이다. 여섯 명이 사망하고 스물여 명이 부상을 당했지만 그들이 행하는 일이 악인 줄 몰랐을 것이다.

그러니 만족감을 위해 권력을 휘두르며 악을 행하는 사람이나, 스스로 인식하지 못한 상태에서 악을 저지른 사람이나, 악의 조건과 흥정한 평범한 사람이나, 결국 악을 행한다는 점에서 똑같고, 궁극적으로 원하는 건 작든 크든 권력이란 점에서도 똑같다. 그래서 아렌트, 드러커, 미야베 세 사람의 말은 다르지만, 내가 내린 결론은 한 가지다. 악은 악이다!

유럽을 휩쓸었던 히틀러의 광기, 아시아를 주름잡았던 일본의 횡포도 그리 길지 않았고, 심판의 시효는 영원하니, 지금 대한민국에서 악행을 저지르는 자들이 비록 지금은 웃을지라도 그 웃음이 오래가지는 못할 것이다.

악은 영원할 수 없는 게 세상의 진리이기 때문이다.

우리 강쥐의 작은 애국심

이름: 수수 / 중성화 수술을 한 요크셔테리어 10년차.

지난번 병원에 접수했을 때 의사선생님이 이렇게 입력하시는 걸 보고 충격 먹었다. 이러다 내 정보가 외부로 빠져나가면 나는 '개망신'이다. 정보유출 사고가 많은데 걱정이다.

"까마귀 노는 곳에 백로야 가지 마라"는 말도 있지만 어지간하면 인간들이 노는 곳에 안 끼려고 참았다. 하지만 아직 조직화되지 못한 우리들이 소통할 수 있는 방법이라고는 주인들이 공원에 데리고 나갈 때 슬쩍 지나치면서 암호 전하듯이 꼬리 한 번 치고 짖는 것밖에 없는데, 목에 걸린 끈 때문에 그것도 오래 할 수 없으니 억울함을 호소할 방법은 컴퓨터밖에 없다.

병원 컴퓨터에는 내 신분뿐만 아니라 사진, 생년월일, 병력, 몸무게까지 자세히 입력되어 있다. 신분이야 숨길 것도 없고 워낙 잘생긴 얼굴이니 사진 올린 것도 자랑스럽지만 몸무게는 정말 큰일이 아닐 수 없다. 중성화 수술과 십자인대 수술한 다리 때문에 살이 찔 수밖에 없지만, 결정적인 이유는 인심 좋은 엄마 덕분에 난 일찌감치 너무나 많은 음식의 세계를 알아버린 것이다. 사료는 입에 대기도 싫고, 고기캔도 하루만 지나면 질리고, 강쥐용 간식과 인간들이 먹는 고기가 내 주식이 되고 나서부터 몸무게는 기하급수적으로 늘어 이제 나도 내 몸을 이기기 힘든 상황까지 와버렸다.

얼마 전까지 시장이든 어디든 데리고 나가주시던 엄마도 보는 사람마다 "와~ 뚱뚱하다"라고 말하는 게 듣기 싫어서 아침 일찍 아니면 어둠을 틈타 산책을 시켜주신다. 날 여자로 알고 임신 했냐, 언제 새끼 낳느냐는 질문은 예사고, 어떤 잘난 척하는 사람은 "새끼 낳고 부기가 안 빠졌나 봐요"라고 하고, 급기야 '야생 돼지'라는 말까지 들었다. 이 말에는 엄마도 충격을 받았는지 지난주에 내 손, 아니 내 앞발을 잡고 간곡히 말씀하셨다. "수수, 살 빼자. 이렇게 살 수는 없다." 아, 눈물까지 글썽거리셨다. 그리고 결연한 의지를 다짐하는 뜻에서

"엄마도 2킬로그램 뺄 테니 너도 2킬로그램 빼자"라고 하셨다.

처음엔 얼떨결에 고개를 끄덕였지만, 곰곰이 생각해보니 어딘지 불공정 거래라는 느낌이 들었다. 똑같이 2킬로그램이면 난 몸무게의 30퍼센트를 빼는 건데 엄마는 퍼센트로 따지면 얼마야…… 내가 반론을 펼치려 하자 "비만도에 따른 비율이니 공정한 거다"라며 내 입을 막아버리셨다. 할 수 없다. 똑똑한 엄마가 그렇다면 그런 거다.

그날 이후 밤마다 양재천을 한 시간 이상씩 걷는 것부터 시작했다. 점점 빨리, 더 멀리 하루하루 강도는 높아지고 집에 돌아올 때면 난 초죽음이 된다. 음식 조절이 필수라며 돌아오면 시원한 물과 약간의 사료만 주고 내가 먹고 싶어 할까 봐 다른 식구들까지 못 먹게 한다. 고기 먹을 때는 나가서 먹고 오고 조금씩 남겨다 주는 것도 없어져 옷에서 풍기는 냄새만 맡고 있자면 그야말로 환장할 지경이다.

게다가 인간적인, 아니 견적인 모욕이라니…… 아빠는 뻑 하면 '돈 잡아먹는 구신'이라고 뭐라 하신다. 지난번 장염 때문에 얼마인지는 모르겠으나 엄마 말로는 일용직 한 달 벌이만큼 썼다고 하시면서 아빠한테는 말씀도 안 하셨다. 나중에 카드 명세서를 보신 아빠가 기절 직전까지 갔으니 나도 할 말은 없지만, 생과 사의 경계에서 내가 느낀 죽음의 공포와 낯선 병원에서 며칠간 느꼈던 외로움을 조금이라도 생각해본다면 그렇게 쫀쫀하게 굴진 않을 것이다. "개 나고 돈 났지 돈 나고 개 났냐"라는 말도 있지 않은가. 그래도 나 때문에 엄마 입술이 저렇게 부르튼 걸 보면 숙연해져서 꼬리를 내리게 된다.

요즘 나는 매일 날씬해진 몸매를 자랑하는 꿈을 꾼다. 털도 예쁘게 길러 그동안 돼지 같다고 나를 놀렸던 위층 뚱땡이 아줌마 코를 납작하게 해주고, 동네 여자 강쥐들의 인기를 한 몸에 모으고, 내가 지나가면 사람들이 다들 입을 모아 "어쩌면 저렇게 날씬하고 예쁜 개가!" 하고 놀라는 모습들…… 아! 생각만 해도 온몸이 저려온다. 그날을 위해 난 오늘도 달린다. 한 마리 경주마처럼 달리는 내 모습, 정말 멋지다.

오늘도 엄마는 컴퓨터 앞에서 웃다가 중얼거리다가 제정신이 아니다. 평소엔 교양 있고 우아한 엄마가 몇 달 전부터 컴퓨터 앞에만 가면 이상해진다. 들어보니 유모차, 노란 풍선, 물대포, 어쩌고…… 놀이공원 이야기 같은데 왜 화를 내시는 건지. 친절한 엄마는 내 발을 잡고 자세한 이야길 해주셨다. 헐, 개 같은…… 나도 모르게 욕을 하고 보니 이건 욕이 아니다. 나 정도만 돼보라고 해! 나는 부끄러움도 알고, 개가 인간에게 기여할 바도 안다. 개 도둑보다 못한 것들. 세상이 아무리 거꾸로 가도 인간의 도리, 개로서의 도리가 있다. 자식들에게 안전한 음식을 먹이기 위해 평화적인 시위를 벌인 엄마들을 체포한다면 캔 고기 안 섞인 사료는 안 먹겠다며 단식투쟁한 나는 된장 발리겠네? 솔직히 나도 단식투쟁까진 안 하고 싶다. 알아서 좋은 음식, 맛있는 음식 주면 누가 배 곯아가며 투쟁하겠느냐고~ 공갈빵 같은 맛없는 다이어트용 사료에 물이라니.

내 건강을 위한 결정이라기에 솔직히 투쟁하면서도 눈치가 보이긴 했다. 그런데 급식부터 라면 수프까지 미국산 쇠고기가 들어가는 모든 음식에 노출될 수 있는 광우병 위험에도 가만히 있는 엄마들이 이상한 거지. 우리 엄마같이 분노하는 이들을 잡아들인 '견'찰이라는 것들은 아마 우리 동족인가 보다. 생각 좀 하고 사는 우리 친구들은 그럴 리가 없는데, 내가 대신 사과드린다. 용서해주시라는 말은 하지 않겠다. 내 입으로 이런 말하긴 그렇지만…… "똥개가 더 맛있다"는 옛 성현들의 좋으신 말씀이 뇌리를 스치고 복부를 강타하여 똥꼬 쪽에 머문다.

엄마가 신문을 보다가 벌컥 화를 내시면서 베란다에 있는 내 화장실에 활짝 펼쳐놓으셨다. 혀를 날름거리는 아저씨 사진이다. 내가 할 일이란 그 위에 정조준하여 싸는 것뿐이다. 내 나라를 위한 일을 할 수 있다면, 언제든지 참지 않고 싸리라……

두 주먹을, 아니 네 발을 불끈 쥐고 다짐해본다.

Part 2

강남에
부는 바람

우리 동네
이발소

　독일에서 유학할 때는 한 푼이라도 아껴야 해서였고, 한국에 돌아와 형편이 나아졌을 때는 내가 해주지 않으면 마음에 안 들어해서, 내가 작은 사업을 시작해 바빠지기 전까지 15년 넘게 내 몫이었다. 무슨 이야기냐고? 남편의 이발 이야기다. 그래서 아직도 서랍 안엔 미용실에서 쓰는 보자기 같은 가운과 꽤 비싼 미용 가위, 가는 빗과 숙련된 가위질이 더 섬세해서 잘 사용하지 않는 바리캉까지 미용기구 일습이 있다.
　내가 머리를 잘라줄 수 없는 상황이 되자 남편은 몇 군데 미용실을 전전하다가 혼자서는 가기가 쑥스러웠는지, 이발소를 하나 찾아내서 10년 가까이 다니고 있다. 환갑 지난 이발소 주인이 천만 원짜리 사이클을 탄다느니, 아직 애가 어리다느니 하는 이야기만 하다가 올봄부터 이야기 내용이 달라졌다고 한다.

지독한 꼴통이라 손님이 있건 말건 "노무현 빨갱이, 이명박 최고!"라고 노래를 부른다는 것이다. 최근에 세든 가게의 임대료가 올라서 옆 건물로 옮겨야 하고 먹고살기 힘들다고 우는 소리를 한다기에, "그래도 이명박이 좋으냐고 한번 물어보지?" 했더니, 월남한 피난민이라 경제적 우파가 아닌 정치적 우파라서 이명박 때문에 나라가 망해도 죽을 때까지 새누리당을 찍을 사람이라고 한다.

나이로 보면 한국전쟁 때는 갓난아기였으니 남한에서 일생을 산 셈이지만, 이 분처럼 부모 세대의 출신지에 따라 사고방식이 달라지고, 그게 평생 굳어지는 경우가 많다. 자라면서 공산당을 겪은 윗사람들에게 빨갱이 노래를 들었을 것이고, 그들에게 햇볕정책, 무역교류, 남북 긴장완화를 말하는 사람과 단체, 당은 모두 빨갱이나 적이 된다. 그래서 비판 혹은 찬성의 기준도 언제나 빨갱이냐 아니냐고, 아닌 쪽에 무조건적인 지지를 보내고 신뢰한다.

여기까진 이해 가능하다. 그런데 그 논리가 거꾸로 작용해 이제는 자기가 지지하는 쪽이 싫어하는 일을 하는 사람은 무조건 빨갱이로 규정짓는다. 환경운동, 노동운동, 무상급식, 반값등록금을 외치는 사람까지 그들 눈엔 빨갱이고, "왜 그렇게 생각해요?"라고 물으면 그 이유에 대해선 깊이 생각하지 않는다. 이른바 반공보수이다.

그런 정치적인 성향만 빼면 이발소 주인은 단골이라고 천 원이라도 덜 받으려 하고, 남편은 원래 이발비보다 더 얹어주려 하는 훈훈한 분위기를 연출하는 것 같은데, 한 달에 두 번 이곳을 다녀올 때마다 주인과 나눴다는 대화 내용을 들어보면 어처구니가 없다.

도대체 혼자서 하는 작은 이발소가 정권이 바뀌었다고 수입이 더 나아졌을 리 만무하고, 부자들을 위한 정책에 올인 하는 이명박 정부가 자신에게 덕 될 일은 없을 테니 살기는 더 팍팍해졌을 텐데, 입에 거품을 물며 이쪽을 찬양하는 이유는 뭘까? 평생 한 가지 생각만을 머릿속에 쑤셔 넣고 아예 다른 생각은 들어오지 못하게 시멘트로 머릿속을 발라버린 거라고밖에 생각이 안 든다.

어느 자리에 가든 정치적인 이야긴 되도록 꺼내지 않고 간혹 이야기가 나오더라도 조심스럽게 의견을 말하는 게 습관처럼 되었다. 우리나라에선 정치 성향이 다르다는 이유만으로 적이 될 수 있고, 특히나 여자들은 상대방이 정치적인 주장이나 의식이 뚜렷해 보이면 거부감부터 갖는 경우가 많다. 그래서 관심은 있으나 상황은 잘 모르는 사람이거나, 내 말이라면 무조건 신뢰하는 사람이 아니면 정치에 대한 내 생각을 잘 말하지 않는 편이다. 어쩌면 내가 비겁한 것일 수도 있고, 이 땅에서 50년 넘게 여자로 살다 보니 내 생각을 이야기하는 데 기가 죽어서 그런지도 모르겠다.

그런데 이발소 주인은 다양한 정치색을 가진 손님들을 상대하면서도 거침없이 욕설을 섞어가며 자신의 정치색을 드러낸다. 이발소에서는 가위 든 사람이 왕이니 머리카락을 맡긴 사람은 꼼짝없이 당할 수밖에 없는 것도 이발소 주인의 유리한 점이다. 잘못 대꾸했다간 손에 든 가위에 '귀때기'가 잘릴 수도 있으니……

"자기가 종부세를 내나? 외동딸이 이제 고등학생이라는데 사교육비는 감당할 수 있고? 강남에 사니까 자기도 상위층인 거야? 환갑 넘은 사람이 쫄쫄이 바지 입고 자전거나 타고 무슨 짓이야!" 상관없는 그의 취미생활까지 트집을 잡으며 애먼 남편에게 화를 낸다.

흔히 선거 때마다 강남 사람들의 이기심을 비난하곤 하는데, 나는 차라리 대한민국 국민 모두가 이기적이었으면 좋겠다. 상위 1퍼센트, 소위 강남 사람들이라 말하는 계층은 새누리당을 찍고, 이 정부로부터 소외받은 그 밖의 사람들은 새누리당에 등을 돌리면 된다. 이발소 주인은 분명히 상위 1퍼센트는 아니니, 자기 이익을 생각하면 등을 돌리는 게 맞다. 하지만 그는 계층 간의 간격이 점점 더 멀어져 가는데 그 원인이 자기가 못나서 그렇다고 생각하는 순진한 사람, 그래서 자신의 이익과는 상관없는 사람들에게 반복해서 투표하는 사람일 뿐이다.

> 평생 자기보다
> 나은 계층의 뒷구멍만
> 빨아주는
> '이타심'으로 살 것인가?

그래서 나는 우리 직원들한테도 이런 얘길 한다. "나는 몰라도 니들은 절대 새누리당 찍으면 안 되는 처지다." 물론 잘사는 척 오만하게 들릴 수도 있지만, 정치색을 떠나서라도 어떤 선택이 자기 이익에 충실한 것인지 가장 빨리 설득할 수 있는 말이기도 하다.

분명 지난번 대선 때 이명박을 찍었을 게 뻔한 주변 사람들 중에는 재산도 빵빵하고 학벌도 좋은 이들이 많은데, 요즘 그들은 종부세 감세로 득을 본 게 좋으면서도 애써 표정을 감추는 낌새다. 이젠 이명박 정부에 대해 좋게 말하는 것이 부끄러운 일인 줄 알기 때문에 드러내놓고 찬양은 못하고 "촛불이 변질됐다, 하필이면 세계경제 위기가……" 하는 식으로 한 걸음 물러서서 방어적으로 말한다. 아니면 전두환, 김영삼에 관해서는 우스갯소리가 많았는데 이명박 정부에 관해서는 우스갯소리가 없는 이유가 우스갯소리조차 재수 없기 때문이라는 농담을 해가며 자신들도 생각은 있는 사람이라는 걸 은근슬쩍 드러낸다. 이런 사람들은 절대로 앞에 나서지 않고 자신의 이익만 챙긴다.

그에 비해 이발소 주인처럼 목에 핏대를 세우는 사람은 자신을 드러내는 것을 자랑스러워하는 순진하고 우직한 사람이다. 하지만 이런 사람들이 또 가스통 들고 설치고 회칼 무용담을 즐기는 부류의 사람이기도 해서, 이런 순진함은 죽창 들던 시대에나 필요하다는 걸 모른다. 설득도 불가능하고 회유도 어려운 사람들이라 미안하지만 그냥 '신념'이라는 이름으로 계속 용감하게 가난하게 살라고 축복해줄 일인 것 같기도 하다.

어떻게 보면 이발소 주인은 이기심이 아니라 이타심이 있는 사람일지도 모른다는 생각도 든다. 이명박 정부를 편드는 사람들치고 공적인 이익을 위해 자신을 희생하는 경우는 본 적이 없지만, 정부의 잘못된 정책으로 본인은 손해를 보더라도 이 나라에 빨갱이가 들어와선 안 된다는 신념이라도 가졌으니 말이다. 그렇다 치자. 이들에게 골고루 잘살자는 이념은 공산주의 사상이니 복지에 대해 말하는 것도 빨갱이, 진보를 말하고 인권을 말하는 사람도 빨갱이다. 평생 자기보다 나은 계층의 뒷구멍만 빨아주는 '이타심'에 충실하며 살든지…… 역시 축복~!

대신 그동안 돈 주고 맡기면서 내 한 몸 편한 걸 '참고' 살았는데, 조만간 우리 집에서 또다시 낯익은 풍경이 재현될지 모르겠다. 머리카락 묻을까 봐 최소한의 복장으로 가위춤을 추는 내 모습.

그리하여 이발소 주인은 단골 하나 놓치는 거다. 쳇! 존경하옵는 이명박 대통령님의 머리카락이나 자르라지.

혹시 아나? 임금님 귀는 당나귀 귀라는 걸 알게 될지……

강남 사람들에게 교육이란

평소에 숫기도 없고 전화하는 것도 싫어해서 최소한의 인간관계조차 매끄럽지 못한 내가 결국 교육감 선거 전날 전화번호부를 뒤적거렸다. 그나마 남은 몇 명의 친구들과 지인들, 어차피 말해봤자 소용없는 사람들은 제쳐두고 생각은 같으나 게을러서 투표장에 안 갈 것 같은 사람들, 아예 관심이 없어서 내가 시키는 대로 할 것 같은 사람들의 번호를 눌렀다.

몇 명은 간단히 끝냈는데 생각지도 못한 데서 제동이 걸렸다. 대학 때 운동권으로 감옥살이까지 했던, 건실하고 소박한 남편과 함께 검소하고 알차게 살아가는 선배 언니, 그녀가 남편과 함께 여행 중이라며 투표엔 별 관심이 없다는 게 의외였다.

"글쎄, 투표라…… 해야겠지." 말은 그렇게 했지만 그 부부가 여행을 중단하고 투표하러 올 것 같지는 않았다. 보통 사람보다 사회 문제에 훨씬 관심이 많은 사람이 참여하지 않는 데서 오는 실망감은 있었지만, 우리에게 뭣하러 강남 사냐며 묻다가 결국 '교육상'의 이유로 강남으로 이사 와 아들을 명문대에 보냈으니 그들도 우리와 별반 다를 게 없는 사람인데, 라고 생각하며 마음을 접었다.

충격을 받은 건 그다음 전화를 하고 나서였다. 민주화운동과 여성 문제에 관심이 많고, 귀한 늦둥이 자식 교육에도 그다지 신경 쓰지 않으면서 자유롭게 아이를 키우는 친구로, 나에게는 언제나 십 점 만점에 십 점인 친구다. 개인적으로 자주 만나서 속 이야기를 나누는 관계는 아니지만, 내가 본 어떤 사람보다 마음이 열려 있고 성격도 좋고 인성도 훌륭해서, 최근 청담동으로 이사 온 뒤 와인 셀러에 고급 와인을 몇 백 병씩 쌓아놓고 최신형 벤츠를 몰고 다녀도, 한 점 질투심 없이 '그 친구는 그렇게 살아도 돼'라고 생각했다.

아직 중학생 아들을 가진 학부모로 당연히 나와 생각은 같을 것이나, 빠릿빠릿하지 않은 몸놀림 때문에 투표 시간을 놓칠까 봐 잊지 말라고 말하려고 전화를 했다.

"투표 꼭 해라. 어디 찍을지는 잘 알지?"

"1번?"

처음엔 농담인 줄 알았다. 그런데 그 말이 진담임을 알고는 몇 가지만 물어보자 하고 본격적으로 이야길 꺼냈다.

결과적으로, "0교시 수업 찬성, 경쟁은 필요하고 우리 아들이 열반에 가도 상관없다(이 부분에선 꽤 공정하다). 평준화는 학력 하향만 시킬 것이고 학력 하향은 공교육만으로는 절대 해결되지 않을 터이니, 그러면 사교육이 더 기승일 것이다"라는 게 친구의 확신에 찬 주장이었다.

내 생각과는 다르지만 굳이 이해하려면 이해 못 할 것도 없었다. 자기 자식만을 생각하는 사심에 찬 말도 아니었다. 하지만 "네가 찍겠다는 후보가 강남에 저소득층 아파트가 들어오는 걸 반대하는 건 어떻게 생각하느냐"라는 물음에 "너, 섞여서 안 살아봤지?"라는 대답이 돌아왔다. 이쯤 되면 더 이상 이야기를 나누는 게 무의미하기도 하고 여태까지의 우정에 금이 갈까 봐 1번은 많이 하셨으니 쉬게 하고 2번(사실 내가 찍으려는 사람은 아니었다)으로 하자고 네고를 했다.

웃으면서 전화를 끊긴 했지만 충격이 너무 커서 며칠간 내 머리는 몸살을 앓았다. 같은 생각을 하는 사람보다 그렇지 않은 사람이 더 많으니 놀랄 것도 없는데, '깨인 여자'라고 생각했던 친구의 '배신'은 마치 피를 나눈 가족에게 뒤통수를 한 대 얻어맞은 기분이 들게 했다. 입장을 바꿔 생각하면 같은 강남권에 살면서 생각이 다른 내가 그 친구에겐 배신이었을지도 모르겠다.

"성관계를 갖는 학생은 퇴학시키겠다는 징벌 위주의 교육관을 가진 사람이 교육감이 된다면 교육 현장에서 체벌은 사랑의 매로 미화될 것이고, 이른바 불량 학생은 블랙리스트에 올라 학교생활 하는 내내 열외자로 남을 것이다. 그리고 저소득층의 자녀가 어쩌고 하는 소리나 듣게 될 것이다. 학교는 그들이 원하는 아이들만 다닐 수 있는 곳도 아니고 그들이 원하는 아이들만 만들 수 있는 곳도 아니다. 교육의 목적이 무엇인지 교육자로서 가져야 할 최소한의 양식이 무엇인지 생각해본 적도 없는 사람처럼 비교육적인 언사나 내뱉는 사람이 교육감 후보로 나오다니 말이 되는가?"라며 내가 하고 싶은 말을 다 했다면 그 친구는 설득이 됐을까?

성관계를 한 학생을 교육 현장에서 쫓아내는 게 능사가 아니라 자기 몸을 아껴야 하는 이유, 진심으로 사랑한다는 게 어떤 것인지, 이른 성관계가 장래에 어떤 영향을 끼치는지를 가르쳐야 한다는 것엔 아마 그 친구도 동의할 것이다. 피임 방법을 가르치는 게 훨씬 효과적이고 교육적이라는 것과 다른 애들까지 물들이기 전에 몰아내어 본보기를 보이는 게 교육적이지 않다는 것에도 동의할 것이다. 그 아이들은 전염병 환자가 아니고, 전염병 환자라도 그런 식으로 추방하는 건 옳지 않다는 것도 충분히 동의할 친구다.

아니, 어쩌면 나의 예상과는 달리 "네 아이가 그런 아이들과 섞이면 좋겠냐?"라고 했을지도 모르겠다. 그 아이들이 앞으로 젊어지고 가야 할 짐은 순전히 가정과 개인의 책임이라고 했을지도…… 머릿속에 꽉 찬 생각은 친구의 '배신'을 용서할 것인가 아닌가, 정치적인 견해가 과연 우정보다 우위인가 하는 것이었다.

수없이 많은 생각이 머릿속을 오갔지만, 안 만나면 그만일 정도로 그 친구에 대한 신뢰가 없는 게 아니어서 나 스스로 약속을 했다. 이기면 용서하자. 그 친구로선 지은 죄도 없이 용서받는다는 게 얼마나 어이없을까. 그런데 졌다.

> 많이 배운 사람, 돈 있는 사람이 달라지면 세상은 훨씬 더 빨리 명랑해질 것이다

교육감 자리를 권력의 자리로 인식해 온갖 비리에 연루된 사람, 일제고사를 부활시켜 아이들의 인성과는 상관없는 경쟁적인 교육을 내세울 사람, 사설학원 원장에게 뒷돈을 받고 자신의 이권을 위해서도 사교육을 권장하는 교육을 펼칠 게 뻔한 사람이 서울시 교육감이 된 것이다.

밤에 미친 듯이 먹은 음식물이 역류할 것 같고 머릿속이 끈적끈적한 엿 같은 기분이어서 어떻게든 가라앉혀볼 요량으로 우중 산책을 나갔다. 한 시간 넘게 산책을 하면서 내 머릿속에서 말하는 답은 우정이었다. 그런데 가슴은 아니라고 한다. 나보다 더 열심인 다혈질 선배는 이젠 밥 먹고 살 나이에 타인도 생각하며 살아야 하지 않느냐며 생각이 다른 이들은 굳이 만나지 말라고 충고하지만, '정치적인 의견이

다르다고 사람관계까지 단절하는 게 옳은 것일까'와 '아니, 다른 게 문제가 아니라 약자에 대한 배려가 없지 않은가' 하는 생각이 충돌하며 마음속이 꽤나 시끄러웠다.

사는 데 이렇게 대립각을 세우고 나와 생각이 다른 사람을 적으로 보는 게 결코 바람직하지 않은데도 자꾸 뾰족해지는 나 자신이 염려스러워 걷는 내내 내 마음을 살폈다. 표현하지 않아도 내 마음이 어떤지 아는 남편이 전화를 했다. "끝났으니 그만 잊어버려라"는 한마디에 많은 뜻이 담겨 있다는 걸 안다. 경상도와 전라도, 강남과 비강남, 보수와 진보를 가르는 것처럼 내 편 네 편을 가르는 건 편협해지는 지름길이고, 결국 내 스스로를 골방에 가두는 것밖에 안 되는 거라며 애써 마음을 달랬다.

강남구, 송파구, 서초구 등 이른바 잘사는 곳에서 벌어진 압도적인 표 차이. 이를 보고 아예 강남은 다른 나라로 분리하자, 걔네들 때문에 나라가 안 된다며 과격하게 말하는 사람들도 있지만, 그를 찍지 않은 사람들도 많다. 그런 식으로 적대시하고 고립시킨다면 강남은 점점 자기네들만의 고고한 성을 쌓게 될 것이다.

나와 생각이 다른 사람들을 너무 일찍 포기한 걸 후회한다. 좀 더 가까이 다가가지 못한 걸 반성한다. 강남이 무개념, 이기심의 천년왕국으로 보이는 것을 부끄러워해야 하고 이는 반드시 바뀌어져야 한다. 부자 감세를 반대하는 미국의 부자들을 예로 들지 않더라도 많이 배운 사람, 돈 있는 사람이 달라지면 세상은 훨씬 더 빨리 명랑해질 것이다.

내 친구들이나 주변 사람들이 자신과 다른 사람들을 둘러볼 줄 아는 사람들이 되도록, 그래서 그들에게 수줍은 손길이나마 먼저 내밀 수 있도록 찬찬히 설득시킬 일이다.

아웃사이더로
살 것인가?

    강남이라 하면 대개 타워팰리스 주변, 압구정동, 청담동, 테헤란로쯤을 생각하는데, 강남엔 생각보다 서민·빈민 지역도 많다. 강남에서 산다고 전부 좋은 차를 타는 것도 아니고, 백화점에서 한가하게 쇼핑을 즐기는 것도 아니다. 주변 사람들을 보면 월급 쪼개서 아이들 교육시키느라 빠듯하게 생활하는 건 어느 지역 사람이나 똑같고, 집에서 조금만 나가면 강남의 달동네라는 허름한 주택가와 몇 걸음 더 가면 작은 임대아파트 단지도 있다.

    비율로 보자면 강남에 잘사는 사람이 많긴 하겠지만, 강남 사람들이라고 해서 마치 딴 세상 사람들처럼 생각하는 외부의 시선이 가끔은 이상하기도 하다. 다른 한편으로는 강남에 사는 걸 비싼 액세서리로 생각하는 사람, 강남에 '진입'한 걸 자랑스러워하면서 이사 온 지 얼마 안 됐다고 무시당한다는 피해의식을 가진 사람, 어딜 가나 강남 사람임을 내세우고 강남 구민이 마치 자기 신분인 것처럼 행동하는 사람들을 많이 보기도 했다. 같은 구성원끼리의 은밀한 동지애로 강남이 아닌 곳을 얕보는 대화를 나누기도 한다. 꽤 진보적인 사람들도 구청장, 국회의원 선거 때 자신의 스펙보다 못한 후보에겐 코웃음을 치는 경향도 있다.

강남에서 진보 성향의 신문을 보는 건 드문 일이고, 어딜 가나 보수 쪽 사람들은 당당하게 자신의 정치 성향을 말하는 데 반해, 반대쪽 사람들은 은근히 자신의 성향을 감추며 호남 사람은 자신의 고향에 대해 함구한다. 그래서 전반적인 분위기와 다른 얘기를 꺼낼 때는 여간 조심스럽지 않다. 특히 남북문제는 더욱 그렇다.

> 강남에서 남북문제는 촌스러운 주제일 뿐, 이렇게 외면하고 살면 그만일까?

남편은 농담처럼 이 정부에서 통일부장관 한 번 하고 싶다고 한다. 일을 안 할수록 잘한다는 말을 듣고, 장관 월급 꼬박꼬박 나오고…… 실제로 몇 년간 장관 대접 받으면서 하는 일 없이 폼 잡으며 잘 지내다가 다시 대학으로 돌아간 사람을 생각하면 부러워 죽겠단다.

북한과 사건이 생길 때마다 통일부는 뒷짐 지고 대통령은 강경책을 외쳐 그동안 이루어놓은 발전적인 관계는 허물어지고 남북관계는 꽁꽁 얼어붙었지만, 통일부장관은 아무것도 하지 않는다는 이야기다. 말로는 평화통일 운운하지만 그건 이 정부가 통일에 대한 의지가 없다는 말의 다른 표현일 뿐이다.

내 짧은 지식으로 보아도 이상한 건, 독일에서는 우파가 동독과의 통일을 찬성하고 좌파는 그 반대 입장이었는데 우리나라에선 거꾸로라는 것이다. 독일 우파는 민족주의 차원에서 통일을 강조했고, 독일 좌파는 민족주의를 극복하는 차원에서 통일은 서두를 일이 아니라고 했다. 그런데 우리나라 우파들은 내 것 뺏길까 봐 두려워서 반대한다. 민족주의도 아니고, 고유성을 인정하는 진정한 세계인이 되자는 수준 높은 의식도 아니다. 북한을 어깨동무하고 같이 가야 할 우리 민족이라 생각하는 사람은 종북 좌파로 낙인찍어 빨갱이 취급을 하고, 선거 때는 북풍 시나리오로 짭짤하게 재미를 보고, 언론에서 소설처럼 써대는 북한에 대한 적대감을 보며 스스로를 위로받는다.

주변에서 겪어본 바로는 남북문제에 대한 입장에는 대개 세 가지 부류가 있는 것 같다.

몇 년 전 바로 위층에 살았던 이웃이 첫 번째 부류다. 1994년 김일성이 사망했을 당시 방송에서 전쟁 위험 운운하며 긴장 분위기를 조성할 때 정신없이 라면과 물을 사들이는 걸 봤다. 무식한 사람이 아니라 선친은 검찰에 몸담았고 남편은 판사였던 나름 인텔리 집안인데도 북한에 대해서는 본능적인 적대감과 두려움을 갖고 있는 것이다.

두 번째는 북한에 대해 아무 관심도 없는 부류다. 개중에는 코앞의 일에 더 바쁜 사람도 있고, 평생 걱정 없이 살아와서 자신이 어떤 위험에 빠질 수 있는지에 대해선 아예 상상조차 못하는 사람들도 있다. 이 사람들에겐 어디서 세일하는지, 어느 음식점이 맛있는지가 최대 관심사일 뿐 정치·사회 문제는 먼 나라 이야기다.

마지막은 많이 배우고 비판의식도 있고 외신도 접해, 정보 수집에 약하지도 않고 판단력이 없는 것도 아닌 사람들이다. 이들은 현재 자신의 이익과 그동안 다져온 자신의 존재 논리를 위해 북한은 악역을 맡아야 하며 남북이 화해 무드로 가는 걸 원치 않는다.

그런데 요즘엔 이 세 부류 모두가 비슷한 수준으로 수렴되어, 간첩단 사건에도 별로 놀라지 않고 북풍 시나리오도 잘 먹히지 않는다. 그동안 되풀이되는 행태에 면역이 돼 있기도 하고, 북한이 더 이상 위협적인 존재도 아니기 때문이다. 그런 우중충한 이야기보단 눈앞에 펼쳐진 재미난 일에 더 열중한다.

그래서 강남에서 남북문제를 진지하게 이야기하는 건 약간 덜떨어지거나 이십대에서 성장을 멈춰버린 정신적인 미성숙아, 시대에 뒤떨어진 고리타분한 사람으로 보이기도 한다. 그런 재미없는 이야기가 아니어도 아이들 사교육, 유학, 골프 스케줄, 여행, 부동산, 주가 등 더 재미있고 중요한 일들이 많다. 설령 그 정도 여유가 없는 사람들일

지라도 마찬가지로 남북문제는 촌스러운 주제이고, 생산지에 따른 커피원두의 차이, 와인에 관한 지식, 환율, 연예인의 시상식 드레스가 더 큰 관심사다.

그러니 내가 중뿔나게 나서서 경색된 남북관계로 인한 개성공단 손해, 대통령의 무책임함, 통일부의 무능, 포용정책의 필요성에 대해 말하는 것도 뜨악하고, 천안함 사태를 북한의 소행으로 믿느냐 믿지 않느냐가 안보관과 사상성을 시험하는 기준이 되는 웃기는 사회라고 말하는 것도 좌중에 찬물을 끼얹는 격이 된다.

우리나라에서 친일청산 문제, 남북문제가 가장 기본이고 중요한 문제임에도 가장 피해야 할 주제이니, 강남에서 사는 한 나는 다시 아웃사이더가 될 수밖에 없다.

이들을 설득시켜야 할 이유가 하나 더 생긴 것인가?

진정한 부자, 멋진 부자

투표에 한 번도 빠진 일이 없던 우리 부부가 투표 날짜를 가운데 두고 여행을 떠났다. 국민의 일부인 초등학생 무상급식 실시를 복지 포퓰리즘이라고 비난하고, 애들 밥 먹이면 금방 나라가 망할 것처럼 호들갑을 떨면서 정작 찬반투표에 80억 원에 가까운 경비를 써대는 무상급식 오세훈 쇼에 동원되고 싶지 않아서였다. 여행 중에 투표 결과를 알려준 친구의 메시지. 주민투표율 미달로 무효! 야호~! 일행 중에 잘난 척 대마왕인 한 여성이 "무상급식보다 급한 게 얼마나 많은데……" 하며 입을 삐죽거리는 것도 너그럽게 봐줄 수 있었다.

하지만 아니나 다를까 강남 3구 투표율은 서울시 전체 투표율 25.7퍼센트에 비해 10퍼센트나 높았다. '공짜 밥' 먹일 필요 없다는 오세훈에게 부자들이 손을 들어준 건 어찌 보면 우린 부자이니 없는 사람에게나 주라는 숭고한 뜻인 것도 같지만, '공짜 밥' 먹는 아이들이 느끼게 될 자격지심에 대해서는 전혀 배려가 없는 것이다.

오세훈은 이전 임기 동안 세빛둥둥섬, 아라뱃길 등 실제 시민들의 편의와는 상관없는 전시행정에 몇 백, 몇 천 억을 퍼붓고 서울시 빚을 잔뜩 늘려놓더니, 한명숙 전 총리와의 대결에서 아슬아슬하게 이기고 나서 한 일이라곤 무상급식 문제로 시의회와 불화를 빚어 신문에 대문짝만 한 광고로 엉뚱한 퍼포먼스를 벌인 일밖에 없다. 그러다가 시장 직을 걸고 최후의 결전에 나선 일이 무상급식 반대라니…… 남의 안된 일에 미안하지만 고소하기 짝이 없다.

새로운 시장을 뽑는 날, 미용실에 걸려 있는 텔레비전에서 투표율과 예상 판도 등을 보고 있는데, 다른 손님들은 별로 관심이 없는지 잡지만 뒤적거린다. 누군가 동행에게 이번에 누구 찍었냐고 물으니 "나경원이 똑똑하잖아? 예쁜 얼굴이 반쪽이 됐네, 쯧쯧" 한다. 그 다음부터는 '일억 피부'에서 더모톡신의 효과, 비포 사진 보니까 일억 들일 만하다까지, 화제는 피부 관리에 대한 진지한 정보 교환으로 옮겨간다.

후보의 자질에 대한 검증보다는 편향된 방송매체에서 보여주는 이미지와 왜곡된 보도를 사실로 판단하는 건 제법 똑똑한 사람들의 모임에서도 똑같다. 어느 날 기분 좋게 점심 먹는 자리에서 "박원순은 대기업 등쳐 먹는 악질이다, 아름다운 가게는 임대료와 직원 월급 등을 보면 실제로 수익이 날 수가 없고, 박원순 한 사람을 키우려는 조직이다"라며 비난의 수위가 터무니없이 높아 끼어들 엄두를 못 내고 듣고만 있었다.

실제로 '아름다운 가게'는 누적 나눔액이 220억 원을 넘고, 직원들을 고용함으로써 일자리 창출에, 물건의 재사용, 재순환을 통한 생태적, 친환경적 변화까지를 목표로 삼는 사회적 기업인데 단순히 플러스, 마이너스 계산법으로 판단하는 건 옳지 않다. 대기업의 기부에서도 기부자와 수혜자를 연결하는 매치메이커로서 모금자 역할을 한 박원순이 만일 비난받을 일이 있다면, 그 돈을 투명하게 사용하지 않거나 사익을 위해 쓸 때일 것이다.

어떤 사람이 사실에 대해 판단하거나 평가할 때 그 결과가 나와 다르다고 해서 비난할 생각은 없다. 한정된 정보에서 자기가 믿고 싶은 것만 취하는 게 사람의 속성이니, 누군가를 평가할 때는 조금 더 그 사람의 발자취와 '사실'의 진위를 알려고 노력하기를 바랄 뿐이다.

투표율이 저조하다, 위험하다고 숨 막히게 올라오는 트위터에 애를 태우다가 마감시간 전에 몰려든 직장인들 덕분에 예상외의 득표율로 드디어 박원순이 서울시장으로 당선되어, 몇 년 동안 패배가 습관이 되어버린 우울한 날에 희망의 불빛 하나 밝혀주었다.

우선은 서울시 초등학생들의 무상급식으로 부모들의 일손과 경제적인 어려움을 덜어줬고, 약속한 반값등록금 시행으로 시립대학 학생들은 정말 반값으로 학교를 다니게 되었다(세상에 이런 일이!). 아르바이트 대신 동아리 활동을 한다, 봉사를 한다, 하고 싶었던 공부를 한다는 시립대 학생들의 말을 들으면, 내 마음이 다 뿌듯하다.

그 와중에도 헐뜯기 좋아하는 사람들은 시장취임식을 시장실에서 인터넷 중계로 한 것에 대해 배려와 예의가 없다는 둥, 시민의 권리를 빼앗았다는 둥 설득력 없는 비난을 한다. 그 사람들 눈엔 해외 출장 때 이코노미석을 이용한다든가, 작은 여관에 숙박하는 것도 궁색하게 보이거나 국격을 깎아먹는 행동으로 보일 것이다.

박원순 서울시장 당선, 우울한 날 희망의 불빛 하나 밝히다

보수 논객 흉내를 내는 지만원이란 사람은 서울시 비정규직 근로자를 정규직으로 전환시키겠다는 박 시장의 약속을 공정 쇼, 정규직 놀음이라 폄하하면서, 대상이 된 비정규직 대다수가 출세한 좌익 자식이라고 한다. 또 어떤 사람은 이를 두고 좌익 세력 포섭작전이라고까지 하니 차라리 헛웃음이 나올 뿐이다. 이 사람들은 오세훈의 5년 임기 내에 이전보다 세 배 늘어난 서울시 빚 23조를 박 시장이 몇 달 만에 그것도 복지를 펼치면서 2조나 줄인 것도 그 돈은 좌익 세력 활동자금으로 쓰인다고 말할지도 모르겠다.

그 후로도 박 시장이 보여준 행보는 기대 이상이다. 이명박 시장 때 맺어진 맥쿼리와의 합작품인 9호선 지하철 요금인상 요구에서 시민들 편에 선 강경한 태도나 강남구 판자촌 주민 임대주택 건설 등은 그동안 우리 국민들이 정치인들에게 바라고 원했던 모습들이다. 그밖에도 저소득층 생계 및 난방비 지원, 공공부문 비정규직의 정규직으로 전환, 중증장애인 활동보조 자기부담금 폐지 등은 우리의 세금이 제대로 쓰이고 있다는 것을 보여준다.

몇 년 동안 정부와 정치인이 우리 편이라는 믿음을 잃어버리고 살아서 그런지 감동도 크고 새로운 희망이 되었다. 우리도 잘 뽑을 수 있다. 잘 뽑으면 이렇게 변할 수 있다는 희망. 지난 2012년 총선에서 강남구 투표율, 그것도 젊은 층 투표율이 전국 평균보다 훨씬 높았던 건, 그 희망의 불씨에 불이 붙은 것이라고 믿고 싶다. 이 불꽃이 불길이 되어 다가올 대선에서는 배운 사람, 가진 사람들이 자신의 욕심은 조금 내려놓고 진정한 정의와 공익을 생각했으면 좋겠다. 나보다 못한 사람들, 절대적 빈곤층, 사회적인 안전장치조차 없는 사람들에게도 눈을 돌리는 진정한 부자, 멋진 부자들이면 좋겠다.

"열악한 환경에 놓인 동물보호소를 보고 난 후 열악한 환경에 놓인 사람들도 보이기 시작했다"는 가수 이효리의 말이 참으로 귀하게 느껴진다.

난 운이 좋은 여자라니까

7대 장손에게 시집가서 아들 하나 먼저 떠억 낳고, 이어서 딸까지 낳아서 태아 감별할 필요가 없었지만 해야 할 상황이었어도 불법이라는 핑계로 거부할 수 있었겠지. 임신 32주 이후엔 태아 감별이 합법화되었다니 검사 자체도 위험하고, 원하는 결과가 아니면 이미 시기적으로 늦었음에도 수술을 감행해야 하는 그 야만적인 병아리 감별, 아니 태아 감별을 빠져나갈 수 없었을 텐데…… 난 운이 좋아.

운빨 좋은 우리 아들, 천안함·연평도 사태 잘 넘기고, 군대 내 왕

따나 훈련 중 사고도 없이 무사히 제대했으니 다행이야. 군인들에게 미국산 쇠고기를 먹였겠지만, 설마 우리 아들이 운 나쁘게 광우병 걸린 쇠고기를 먹었겠어? 시위대 진압하는 전경으로 갔으면 어쩔 뻔했어. 물대포, 곤봉 휘두르다 보면 내 아들도 다칠 수 있잖아. 촛불 좀비, 괴담 선동자, 정부가 결정한 일에 반대하다 눈물·콧물을 흘리든, 소처럼 끌려가든, 갯바위에서 떨어지든 무슨 상관이야. 내 아들만 무사하면 그만이지. 어청수, 강희락, 조현오, 우리의 경찰청장들이 용산, 쌍용자동차, 한진중공업, 강정 빨갱이들로부터 지켜주는 나라에서 사는 난 운이 좋은 편에 속하는 것 같아.

우리 딸 대치동 학원 몇 군데 순례했지만, 과목별로 고액 과외에 체력에 좋다는 물개 고기까지 먹는다는 다른 애들에 비하면, 내가 쓰는 사교육비쯤은 '새 발의 피'지. 그래도 고교 경쟁에 박차를 가하겠다는 공 교육감 말이 실행되기 전에 전쟁터에서 빠져나오게 되어 얼마나 다행이었는지. 초딩 때부터 공부, 공부…… 공부기계가 된 아이들. 이제 나완 상관없는 일이야. 아, 난 왜 이리 운이 좋을까.

내가 벌어 가족 부양할 형편이면 지금쯤 비정규직으로 일하고 있거나, 기업의 횡포에 뼈가 앙상한 채 단식을 하거나, 불법 해고에 맞서 뙤약볕 아래, 뼈가 시린 한파 속 크레인 위에서 눈물 나게 싸우고 있을지도 몰라. 그러니 난 얼마나 운이 좋냐 말이야.

대운하를 4대강으로 이름 바꾸고, 멀쩡한 강바닥에 22조 원어치 시멘트를 바르는 용감한 녀석들! 크루즈 띄우네, 물류수송 하네, 로봇 물고기 띄우네, 작은 로봇물고기 편대를 만드네…… 배꼽 잡게 해주는 웃기는 녀석들! 이런 녀석들이 높은 의자에 앉아 다리를 흔들거리는 나라에서 사는 나는 엄청 운이 좋은 거야.

내가 지금 나이 많은 게 얼마나 다행이야. 젊다는 이유로 사회에 무관심한 걸 몇 배로 비난받는 나이가 아닌 게. 다른 데 눈 돌릴 수 없을 만큼 비싼 등록금에 졸업해도 정규직 직장조차 힘들어, 현실에 눈 돌릴 새 없는 젊은 나이가 아닌 게 얼마나 좋은지 모르겠어. 내 나이쯤 돼서 말 한마디 잘하면 꽤 열린 사람, 공평한 사람, 의식 있는 사람으로 오해받을 수 있거든. 젊지 않아 또 운이 좋은 여자야, 나는.

입맛에 맞지 않는 방송인, 연예인 잘라가며 방송 장악 언론 통제, 몇 달째 파업하는 기자와 피디가 내 가족이 아니어서 정말 다행이야. 월급이 안 나와 한우 팔러 도살장 갔다 오는 여기자들, 내 동생이 아닌 건 감사합니다~ 눈물 없인 들을 수 없는 사연과 상관없는 나는 도대체 얼마나 운이 좋은 거냐고.

시장에서 채소 팔아 모은 한 푼 두 푼, 싱글 맘 전 재산, 고래 심줄 같은 노후자금 저축은행에다 맡겼다는데, 차명대출에 불법대출, 그들만의 잔치더군. 정책 입안자, 기업인, 금융감독원, 검찰 모두 한통속이라 어떤 돈이 누구 비자금으로 들어갔는지 못 찾겠다 꾀꼬리잖아. 정말 요지경이야. 그러니 저축은행에 내 돈이 안 들어간 건 하늘에 감사할 일이지. 부산에 살지 않은 것만으로도 난 운이 좋은 거야, 암만!

내가 애쓰지 않아도 나의 이익을 위해 애써주는 이웃들에게 둘러싸여 있는 나. 집값 떨어질까 봐 임대아파트, 화장터 들어오는 거 결사반대하는 친절한 이웃 덕분에 난 떨어지는 콩고물만 받아먹으면 되잖아. 종부세를 줄여 가슴에 박힌 대못을 빼주겠다고 애쓰는 정치인 덕분에 촌스럽게 시위할 필요 없이, 깎아주면 그냥 모르는 척 표정관리만 잘하면 된다고. 집값 떨어진 게 좀 걱정되지만, 서민 세금 올리고 부자 세금 깎아주는 대통령님과 강부자 내각이 설마 우리 같은 사람에게 손해나는 정책을 하겠어? FTA로 명품, 외제차도 싸질 테고, 그 맛있는 체리도 가격이 내려간다면서? 선거 끝나고 새누리당 민생 1호 법안이 부자들을 위한 감세라니 정말 만세를 부르고 싶어. 대선에서 새누리당이 이기면 이제 환상적인 정책이 쏟아질 거야. 흐응~~ 난 왜 이리 운이 좋은 거야~

별것 아닌 동영상 하나 올린 것으로 멀쩡한 기업인을 거의 죽음에 이르게 하는 민간인 사찰을 BH에서 자상하게 지시하는 나라이긴 하지만, 글 몇 줄 썼다가 검찰에 기소되는 걸 보면, 막걸리 마시다 말 한

마디 잘못해 남산이나 남영동 끌려가던 박통 시대나 다를 게 없고 백골단이 부활하는 복고시대이기도 하지만, 설마 이 고상하고 우아하고 교양 있는 강남 사모님 팔까지 비틀겠어? 역시 난 운이 좋아.

내 남편이나 친인척이 정치인이 아닌 건 천만다행이야. 돈 싸들고 찾아오는 사람 물리치기 힘들겠지. 사기 치다 잘못 걸려도 특별대우 받고 사식 먹으며 편히 지내겠지만, 위아래 단색 죄수복은 입어야 하잖아. 가슴 쪽을 더 깊이 파준다거나 짧은 치마 죄수복이 있다면 또 몰라. 그러니 친인척들 고만고만하게 사는 나는 천운을 타고난 셈이지.

아무리 둘러봐도 환상의 나라, 강부자를 위한 나라,
대~한민국(짝짜짝짝짝)에서는 내가 운이 좋은 여자라는 게 확실해.

양재천
단상

　오랜만에 다시 찾은 양재천은 그동안 풍성해진 내 몸과 반대로 마르고 야위었다. 가을까지 내 키만큼 웃자랐던 억새풀들은 이미 흔적도 없고 앙상한 나뭇가지들만 껑충하게 도열해 있다.

　한참 걷다가 사람들이 웅성거리며 어딘가를 바라보고 있어 나도 그쪽으로 시선을 돌렸다. 울긋불긋한 머리에 속옷만 입은 남녀 몇 명과 주변을 둘러싼 사람들. 가끔 여기서 화보 촬영하는 걸 본 적이 있어서 잡지 사진을 찍나 보다, 추운데 모델들이 고생하는구나 생각하며 가까이 갔다. 카메라나 조명기기가 없기에 이상한 생각이 들어 자자세히 보니 모여든 사람들은 교복 입은 학생들이고, 속옷 차림의 남녀도 고등학생들이다. 그때서야 그게 졸업 세리머니라는 걸 알았다.

돌아서 걸으면서 내내 생각했다. 밀가루를 뿌리고 교복을 찢는 행위 등에 대해 많은 사람들이 혀를 차고 걱정을 하지만, 해방감에 그럴 수 있겠다는 생각을 해왔었다. 어떤 사람은 추억의 여고 시절 운운하지만 나는 그 시절로 다시 돌아가고 싶지 않았다. 점잖은 분들이 말하는 '졸업은 새로운 시작을 위한 계단'이라는 건 나중 이야기고, 군대를 제대하거나 감옥에서 빠져나온 것처럼 졸업 후엔 공기의 무게부터가 달랐으니까.

공부를 하건 안 하건 같은 유니폼을 입고 규율에 얽매인 생활, 대학입시에 대한 압박감은 교육열 세계 1위인 나라에서 누구나 같았을 테니 다른 나라의 졸업식 풍경과 비교하는 것은 무리일 것이다. 잠시 생각한다. 저런 퍼포먼스, 세리머니가 해방감과 상관있을까. 그들이 빠져나온 감옥보다 더 나은 세계가 그들을 기다리고 있을까. 용케 대학에 합격한 아이들과 그렇지 않은 아이들 모두 세상의 모순과 어른들이 만들어놓은 사회의 부조리에 부딪혀가며 살게 될 것이다. 알면 아는 대로 모르면 모르는 대로 싸구려 거울에 왜곡돼 비치는 모습에 분노하고 절망하기도 할 것이다. 추위에 달달 떨면서 벌거벗은 몸으로 졸업을 기념하는 저 행위가 그리 큰 의미가 아니었음을 깨닫는 날이 금방 올 것이다.

생각을 뒤로하고 앞만 보고 걷는데, 산책로에서는 보기 드물게 성장을 한 여자가 맞은편에서 걸어온다. 보라색 바지, 보라색 짧은 가죽 재킷, 안에 받쳐 입은 보라색 니트…… 옆을 스치며 보니 선명한 보라색 아이섀도를 눈가에 짙게 발랐다. 보라색 여인이다. 운동복 차림의 사람들 속에서 그녀는 보라색이 상징하는 고귀한 신분의 사람처럼 고고해 보였다. 묵묵히 보랏빛 환상의 세계로 걸어가는 사람 같기도 하고, 그 세계에서 금방 빠져나와 어리둥절한 사람 같아 보이기도 한다.

보라색이라는 것 하나 때문에 아무 관련 없는 영화 제목이 떠오른다. 〈컬러 퍼플〉. 거기서 보라색은 자줏빛이기도 하고, 주인공의 몸에 든 멍 자국과 같은 색이기도 하고, 지배자의 색이기도 하고, 통합된 자아의 색이기도 하다. 빨강과 파랑의 혼색으로 조화를 상징하기도 한다. 지금 우리 사회는 무슨 색일까. 피와 분노의 빨강색? 절망과 암흑의 검정색? 멍 자국과 지배자의 컬러 퍼플?

이제 돌아가야 할 반환점이다. 비교적 따뜻한 날씨 때문인지 여기저기서 공사가 한창이다. 새로 나무 계단을 만들기도 하고 구멍 난 도로를 시멘트로 때우는 모습도 보인다. 시커먼 얼굴로 일에 열중하고 있는 인부들 옆을 운동한답시고 털모자를 푹 눌러쓰고 걸어가는 좋은 팔자가 좀 미안하다.

그들은 다행이라 생각할까, 겨울에 큰 힘 쓰지 않는 일자리를 얻었으니 그나마 행운이라 여길까. 종부세가 무엇인지 알 필요도 없고, 용산 참사조차 가게라도 하나 있었던 사람들의 이야기라고 높은 사람들이 하는 말을 믿고, 방송과 신문에서 나오는 건 모두 사실이라 여기면 고민도 없다. 그저 잘 타는 모닥불 위에서 보글보글 끓는 돼지찌개에 작은 행복을 느끼는 그들에게 세상에 눈을 뜨라고, 자신의 몫을 찾으라고 말하는 것은 그들을 불행하게 만드는 일일지도 모른다는 생각이 든다. 판도라의 상자를 열고 나서 세상의 불행을 알게 된 것처럼.

한 시간 반의 산책을 끝내고 집에 돌아오는 길, 군고구마 장수가 손님을 기다리며 서 있다. 내 아들과 비슷하거나 어려 보인다. 2천 원어치 달라고 하니, 이제 기본이 3천 원이라고 한다. 다 올랐는데 이것만 안 오를 리 없지. 배움도, 기술도, 자본도 없는 젊음은 누군가 군고구마를 사러 오길 기다린다. 그렇게 사온 고구마를 쳐다보지도 않는 아이들이 순간 미워진다. 나 혼자 고구마의 껍질을 까고 옆에서 낑낑거리는 강아지와 나눠 먹으며, 요즘 애들이란 쯧쯧, 혀를 차며 졸업 세리머니, 보라돌이 아줌마, 일용직 노동자, 아직 앳된 고구마 장수를 떠올린다.

> 갓 졸업한 고등학생들,
> 보라돌이 아줌마,
> 일용직 노동자,
> 앳된 고구마 장수……
> 그들도 나도 행복하다
> 우겼던 마음을 이제
> 거둬들인다

누군가 내게 아무 생각 말고 단순하게 앞만 보고 걸으라고 말해줬으면 좋겠다. 어쨌든 세상은 돌아가는 거라고. 죽은 자가 있으면 태어나는 자가 있는 거라고. 자기 일은 자기가 알아서 하는 거라고. 남의 일에 아는 척하는 건 오지랖일 뿐이라고. 각자 행복하면 되는 거라고. 그리고 넌 행복하지 않느냐고.

펼쳐진 신문을 정리하다가 한겨레신문의 '렌즈세상'이라는 코너에 눈이 멎는다. 나와는 상관없는 일이라며 외면하려다 맞춤법도 엉망이고 삐뚤빼뚤한 글씨체로 휘갈겨 쓴 호박밭 경고문 사진을 찬찬히 들여다보았다.

호박잎 따지 마세
요 너따 처먹으라
고 심은것 아니다
걸어서 후해 말고

ⓒ김선순(한겨레신문, 2008. 11. 6)

억지로 그들도 나도 행복하다 우겼던 마음을 거둬들인다. 감상도 접는다.

Part 3

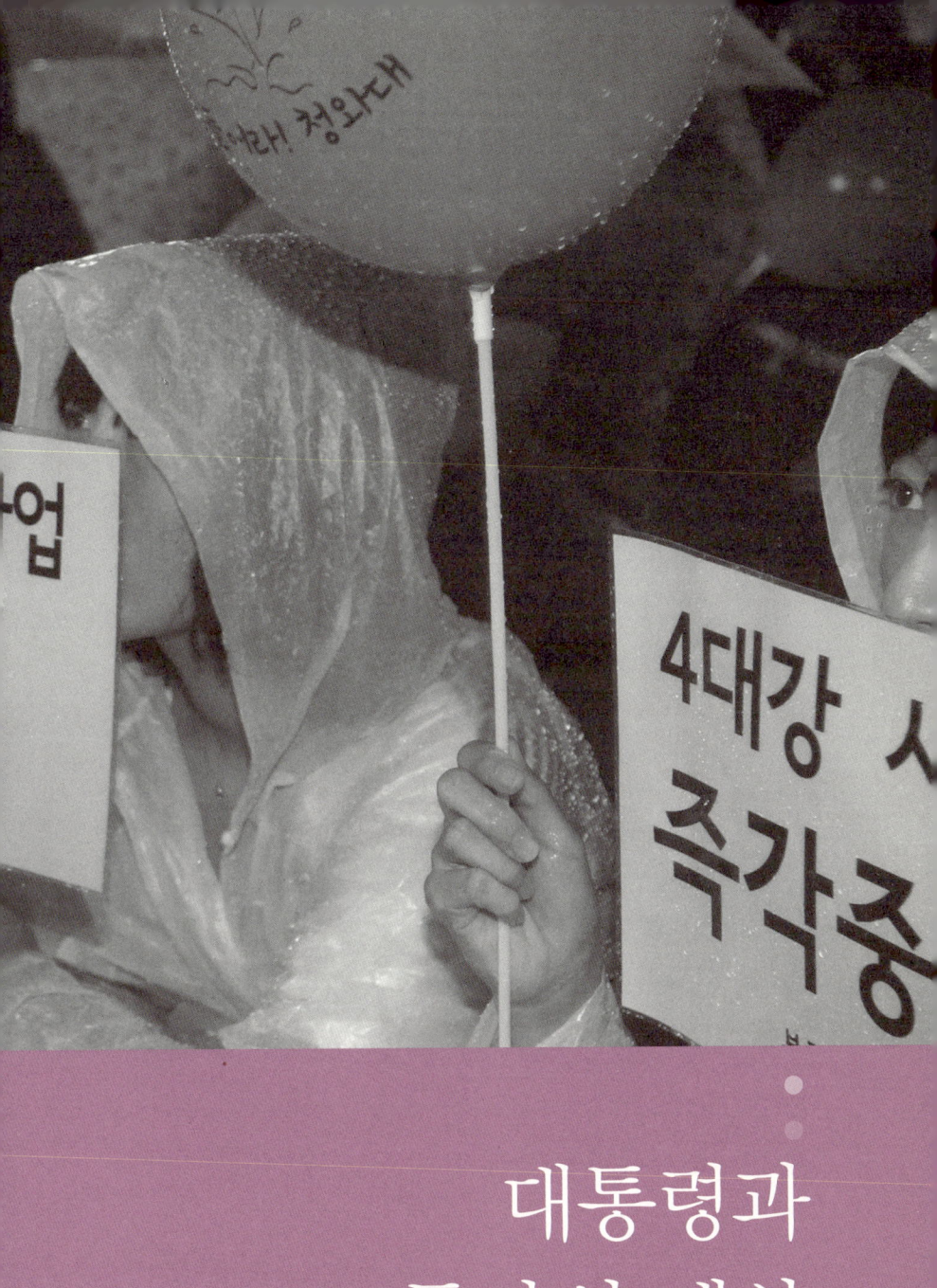

대통령과
그들만의 세상

이멜다
언니에게

나이 차이가 좀 있긴 하지만 친자매처럼 닮은 느낌이니 그냥 언니라 부를게.

우린 공통점이 참 많지? 남편이 한 나라의 대통령이라는 거, 명품 좋아하는 거…… 언닌 항상 내 인생의 롤 모델이었어. 언니만큼 글래머는 아니지만 우리나라 남자들이 신붓감으로 가장 환호하는 명문여대를 나왔다는 면에선 내가 좀 앞서지. 전공은 묻지 마. 커트라인도 묻지 말고.

얼마 전엔 모교의 자랑스러운 동문으로 뽑히기도 했어. 철없는 후배들이 반대하는 시위를 좀 하긴 했지만 기부금이 걷혀도 더 많이 걷힐 것이고, 대통령 부인 출신 학교라고 하면 어디 가서나 목에 힘줄 수 있을 텐데 싸가지 없는 것들이지…… 앗 미안! 〈타짜〉라는 영화에서 우리 학교 출신이라는 여배우가 입을 비틀며 하는 이 욕이 참 맛깔났거든.

언니도 알겠지만 능력 없는 것들이 꼭 청렴한 척하거든. 설사 천만 원대 에르메스 백 좀 드는 게 무슨 문제냐고~~ 백만 원, 이백만 원대 핸드백 들고 명품이라고 까부는 거 보면 같잖아서. 재벌기업 임원 사위한테 이까짓 선물 하나 못 받을 바 아니고, 여행경비야 기자들 출장에 끼면 해결되고, 아들딸 위장 취업으로 나오는 돈에, 내 건물 단란주점 임대료로 '떳떳하게' 내 돈 주고 산 거야. 말을 안 해서 그렇지 장 안에 색깔별로 다 있다? 그래 봤자 백만 원 넘는 구두 4천 켤레 이상 갖고 있었다는 언니 따라가려면 멀었지만. 언니는 전세비행기 네 대씩 띄워서 쇼핑 다녔잖아? 내 소원도 그거야.

4대강 시멘트질하고 공기업 민영화하면 네 대는 아니어도 두 대 정도는 우리 남편이 띄어줄 것 같아 기다리고 있어. 인천공항 민영화 성공하고 우리 남편 말대로 아랫사람 몇 명이 독박 쓰고, 잉규랑 재처리 끝까지 버티게 해서 방송 쭈욱 장악하고, 임기 말까지 죽은 듯이 생까면서 마지막 남은 누룽지 잘 긁으면 무사히 끝날 거래. 아무리 생각해도 난 능력 있는 남편 만난 것 같아. 삼백억 재산에 만 삼천 원 의료보험료 내는 거 솔직히 능력 아냐?

나 진짜 억울한 거 있다? 부처님 오신 날…… 동자승 초대해서 어린애들이 절에서 고기 한 점 못 먹어봤을 거라 일부러 고래밥 과자를 준비한 거고, 예쁜 색소 든 음료수 줬는데 그걸로 무슨 말들이 그리 많은지. 어린애들한테 차 대접한 전(前) 대통령 부인이 웃기는 여자지, 어릴 땐 몸에 해롭든 말든 색깔 진한 걸 좋아하는 거 아냐? 난 어린이들 마음을 헤아린 거라고. 새우깡도 줄까 하다 참았구먼. 기자들 초대했을 때 남편에게만 돌솥밥 준 걸로도 입방아들을 찧는데, 아니 하늘 같은 내 남편 내가 위하겠다는데 뭐가 잘못됐어?

그리고 며칠 전에 소아암 병동에서 마스크 안 하고 사진 찍은 일도 그래요. 언니라면 얼굴 가리고 찍고 싶겠어? 그날따라 화장빨도 잘 받았는데…… 애들이 자꾸 병균이랑 접해야 면역력이 생기는 걸 사람들이 몰라요.

한식재단 일만 해도 그래. 내가 지금 앞치마 두르고 밥할 군번이야? 대통령 부인으로 이미지도 만들어야 하고, 정부 보조 팍팍 해준다고 하니 살짝 욕심도 생기고, 만들어놓은 요리 앞에서 사진만 찍으면 된다기에 시작했더니 닭강정, 떡볶이가 한식이냐, 혈세 1억 들여 요리책 냈다고 난리야 난리. 그리고 내 얼굴 내 이름 들어간 책이면 나한테 저작권 있는 거 아냐? 결국 뉴욕 식당은 망했지만 내 돈 아니니 나야 상관없지.

지난번 핵안보정상회의 때 정상부인들 초청 만찬을 국립중앙박물관에서 열었다고 미친 짓이네, 개념 없네, 부창부수네…… 하던데 그게 할 말이야? 귀한 손님들한테 우리 문화를 만끽할 수 있는 기회도 주고, 자랑도 하고, 나도 덩달아 품위 있어 보이고, 얼마나 좋아. 우리 박물관에서 서양 음식과 서양 음악으로 언밸런스한 멋도 있고 말이야. 내가 분청사기에 오이지를 담아 오랬나, 청화백자 빼내서 선물로 돌리길 했나, 노래자랑을 했나? 온도, 습도, 빛 등이 유물에 영향을 끼친다고 하는데, 그깟 사기 조각이 상하면 얼마나 상한다고. 앞으로 박물관에 음식물 반입해도 되냐고들 하는데, 내가 걔네들이랑 같아? 난 대통령 부인이야, 영부인! 생각할수록 열받네…… 언니네 나라 국민들은 이렇게 대들지 않지? 옛날처럼 계엄령 한 번 날리면 되는데, 우리 남편은 너무 착해서 탈이야. 눈이 얼마나 선하게 생겼어?

우리 남편이 대통령 된 건 시어머니 돌아가실 때 정직하라고 유언하셨고 가훈이 정직인 훌륭한 집안에서 인성 교육을 제대로 받았기 때문이란 거 다 알잖아? 이것조차 거짓말이니 뭐니 하는데 우리 남편이 추구하는 사회가 바로 '도덕적으로 완벽한 공정사회'야. 뭐 눈엔 뭐만 보인다고…… 내가 존경하는 이거니 회장님께서도 말씀하셨듯이 우리 국민이 다들 정직했으면 좋겠어. 말을 하면 믿고 따라야지, 그게 다 질투심, 시기심에서 비롯된 거야. 하긴 언니한테만 살짝 알려주는데 난 BBK 때 이젠 끝났구나…… 했다니까. "여러분, 저는 그런 사람이 아닙니다! 저는 거짓말을 하지 않습니다!"라고 외칠 땐 정말 멋졌어.

못생긴 여자가 서비스가 좋다고 한 것도 그래. 아니, 언니나 나처럼 예쁜 여자들은 가만있어도 공주 대접 받는데 천하게 뭔 서비스? 서비스가 좋다는 것이지, 서비스가 좋아서 좋다는 이야긴 아니잖아? 도도한 나를 칭찬하는 말이라고 생각해. 무슨 말인지 모르겠지? 나도 몰라……

내가 가장 부러운 건 케네디 대통령이 프랑스 방문 때 자신을 재클린을 모시고 온 사람이라고 소개한 거야. 그래서 미국 갈 때 재키처럼 머리도 뒤집고 비슷한 의상으로 콘셉트를 잡았는데, 눈치 챈 사람들이 없더라고. 까만 선글라스를 꼈어야 했는데 일생일대 실수였어. 그래도 피부 하나는 재키 부럽지 않아. 청와대 출장 나와주는 피부과 의사가 얼마나 실력이 좋은지, 돈은 좀 들어도 우리한테 일, 이억이 돈이야?

근데 요즘 사람들 너무 무례해진 거 아냐? 대통령이면 나라님인데, 쥐바기니, 이메가니…… 나한테 쥐순이라는 사람도 있다니까. 옛날 같으면 감히 눈도 못 뜰 천한 것들이 중전마마를 뭘로 보고. 이게 다 전(前) 대통령 때문이야. 대통령의 권위라는 걸 완전히 없애서 영부인이라는 호칭도 없어졌어. 금쪽같은 내 자식들이 영애, 영식으로 불려야 하는데 이메가 자식들이니, 스레빠××니…… 생각하면 할수록 분하네.

그래도 난 영부인으로서 할 일은 잘하고 있다고 자부해. 영부인 하는 일이 뭐야? 연말에 가운 입고 봉사활동 증명사진 한 장 찍고, 해외순방 때 손 잘 흔드는 거 아냐? 내가 얼마나 손 흔드는 연습을 많이 했는지, 겨드랑이에 알이 박혔다니까. 태안 기름 걷는 봉사 하고 와서 장화 신고 얼굴에 기름 좀 묻힌 사진 올라가니 참한 영부인이라고 칭찬하는 소리가 자자하더라. 호호, 그게 내조지 뭐……

언니가 내 인생의 롤 모델이긴 한데 한 가지 걱정스러운 게 있어. 언니 남편처럼 우리 남편도 쫓겨나면 어떡하지? 이제 추수 막바지인데 정권 바뀌고 들춰내면 쫓겨나는 건 그나마 다행이고, 잘못하다 감옥에 갈 수도 있을 것 같아. 그냥 지금 있는 거 싸서 발라버릴까? 임기 끝나면 4대강에 유람선 띄어놓고 놀라고 했는데 이게 뭐야…… 경험 풍부한 언니가 조언 좀 해주라, 응?

내가 아는 어떤 오십 넘은 골빈 여자는 정권 퇴진 운동한다며 되지도 않는 글 쓰며 깝치고 있어. 남편이 벌어다준 돈으로 배 두드려가며 편히 살 일이지! 지들이 뭔 재주로…… 근데 느낌이 안 좋아. 계산대로 안 될 것 같아. 발가락에 끼고 왔던 보석이랑 여기저기 짱박아놓은 돈 미리 챙기는 게 좋겠지?

그럼 다음에 미국에서 다시 소식 전할 테니 망명생활에 대해 조언 부탁해, 언니~~

추신: 내가 어느 나라 대통령 부인인 줄 모르지? 기밀사항이라 말 못하는 거 이해 바랄게.

그 순수한 저열함

지금은 서로 바빠 자주 보지는 못하지만 어릴 때부터 친한 친구가 있다. 머리도 좋은데다 악착같은 성격으로 항상 전교 일등을 놓치지 않았고, 남자들 못지않게 의리 있고, 놀 때는 빗자루를 기타 삼아 "한 번 보고 두 번 보고~"를 신나게 외치며 해피 바이러스를 전염시키는 내 오랜 친구.

언제나 즐거운 그 친구가 내 상상을 뛰어넘을 정도로 가난하다는 사실을 한참 지나서야 알았다. 밥 걱정, 학비 걱정 하지 않고 살았던 나는 밥을 굶을 정도로 가난한 사람이 있다는 걸 그때는 몰랐다.

방학 때면 늦은 아침에 우리 집에 놀러 와서 늦잠 자는 나를 깨우는데 아침 겸 점심으로 차려오는 밥을 같이 먹자고 하면 아직까지 밥 안 먹은 사람이 어디 있냐며 거절해서 그러려니 하고 혼자서 먹었다. 우연히 그 친구가 세 끼 중 한 끼는 굶는다는 걸 알고 난 후부터는 혼자 먹으면 밥맛없다며 무조건 숟가락을 쥐어주었다. 그 친구의 자존심을 다치게 하고 싶지 않았고, 차마 아는 척할 수가 없었다. 어린 나이에도 그렇게 해야 할 것 같았다. 사람에게 가장 중요한 건 밥이 아니라 자존심이고, 그건 나라 간의 관계에서도 마찬가지다.

나는 그동안 이명박 대통령이 보여주는 행태를 보고, 사기업에서 오랫동안 CEO로 일하며 익힌 성공 처세술과 야심 많은 개인의 욕심이 합쳐져 그의 인간성으로 굳어진 게 아닐까 생각했다. 그런데 북한 식량 원조에 관한 기사를 보고는 그 인간적인 저열함에 내 얼굴이 화끈거릴 정도로 놀랐다.

"우리가 인도적으로 북한 사회가 어려울 때 도와줄 것은 도와준다", "조지 부시 미국 대통령에게도 '북한이 잘살겠다고 마음을 열면 당신들도 도와주라. 정말 인도주의적으로 생각해 도와주라'고 이야기했다."
"북한도 조금만 열면 잘할 텐데 계속 비난을 한다. 그거 좀 고치라는 것", "(북한이) 과거에 비난해서 덕을 본 습관이 있는 듯한데 비난을 하고 얻겠다고 하면 안 된다", "(북한이) 도와주면 '고맙다' 그런 마음이 없는 게 조금······", "그런 마음을 고쳐야 발전한다고 본다. 내가 한 번 만나면 그렇게 얘기하려고 한다."

"'개방만 해라, 그러면 10년 안에 국민소득 3배로 올려준다' 이렇게 약속하고 있다."

• 한겨레신문 2008. 5. 20

참 주옥같은 말씀이다. 거창하게 대북관계니, 인도적 지원이니를 떠나서 경제적으로 우위에 선 쪽의 화법치고는 참 저렴하고, 근본적으로는 남북관계에 대한 진지한 인식도, 얼어붙은 대북관계를 풀어가려는 의지도 없다는 뜻으로 들린다. 이 정부는 북한을 같은 민족, 동포가 아닌 없애야 할 적으로만 여기는 것 같다. 설령 동포로 본다 하더라도 돈 많아 거들먹거리는 부자 형이 남은 건 자존심밖에 없는 가난한 동생에게 거만한 얼굴로 쌀 얻고 싶으면 내 가랑이 사이로 기어 봐 하는 식이다.

북한에 대한 경제적인 원조는 단순히 같은 민족에 대한 동정심 차원이 아니라 장기적으로 우리에게 도움이 되는 길이고, 국제적인 역학관계에서 우위에 서는 길이기도 하다. 햇볕정책을 퍼주기 정책이라며 반대하는 쪽도 있지만, 기아로 죽어가는 동포들을 외면하는 것은 다른 나라 보기에도 부끄러운 일이거니와 국제사회에서도 비난받을 일이고, 식량 지원은 북한 주민들의 인식을 바꾸려고 삐라 몇 억 장을 뿌리는 것보다 쉬운 방법이다. 게다가 도와주는 우리 입장에선 발언권도 세질 수밖에 없고, 앞으로 통일에 주도적인 역할을 할 수도 있다. 남북관계가 평화 무드를 타면 한반도를 탄약고로 보는 외국 기업들을 안심시켜 경제적인 이점을 노릴 수도 있다. 당장에 쌀 보관비라도 줄일 수 있지 않은가.

여하튼 이런저런 부수적인 이유들을 차치하더라도 북한 식량 지원은 우리를 위해서라도 해야 할 일인데, 거지에게 동냥하듯 도와주겠다고 말하면 그들이 선뜻 받겠는가? 아무리 거지라도 그런 식으로 말하면 찬밥 담긴 깡통을 상대방 얼굴에 내던지고 침 뱉으며 돌아설 것이다.

가끔 장애우 친구를 도와주는 어린 학생들에게 마이크를 대면, "친구가 돼서 좋아요. 도움이 되어 저도 기뻐요. 몸은 불편하지만 착하고 좋은 친구예요"라고 말한다. 어딘가에 기부를 하고 후원을 하는 사람들은, "내 작은 도움이 조그만 희망이라도 됐으면 좋겠다. 좋아서 하는 일이다"라고 한다. 그들이 위선적인가?

> 거지에게 동냥하듯 도와주겠다고? 중요한 건 밥이 아니라 자존심이다!

경우 바르고 깔끔한 내 친구는 아들의 대학 입학선물로 뭐 하나 사주겠다고 해도 끝내 거절하지만 한 번 화났다 하면 입이 거칠다. "고맙지? 넌 감사하는 마음이 없는 게 문제야. 그런 마음만 있으면 네 아들 등록금 한 번 내줄 텐데. 친구들한테도 너 도와주라고 내가 다 말해뒀어"라고 한다면, 그 친구는 "야, 이 ×야, 어디서 돈 자랑 하고 있어? 당장 굶어 죽어도 네 도움은 안 받아. 내 손에 죽기 전에 눈앞에서 꺼져!"라고 할 것이다. 틀림없이……

하물며 남북한 관계에선 더 말해 무엇하랴. 북한은 자존심 하나로 버텨온 나라다. 그 자존심으로 미국과의 관계에서도 머리 굽히지 않고 대등한 관계를 유지한다. 그런 북한에게 이런 식으로 말하는 건 절대 도와줄 의사가 없다는 뜻이고, 남북 평화통일은 말뿐이란 것을 나타낼 뿐이다. 그렇다고 이런 강경책에 대단한 작전이 숨어 있는 것 같지도 않고 흡수통일이나 또 다른 대북철학을 갖고 있는 것 같지도 않다. 그저 배고프면 기어들어오겠지 하는 식이다. 하긴 북한과 잘 지내봤자 본인의 이익과 상관없고 도리어 긴장관계를 유지해야 필요할 때 북풍을 이용할 수 있을 것이다. 남북의 대치관계를 이용한 미국의 무기 장사에 쿵짝을 맞추기도 편할 것이다.

그러니 굳이 북한에게 친절할 이유는 없지만 정치인으로서, 한 나라의 대통령으로서 때로는 필요한 정치적인 수사(修辭)조차 저렇게 저열하게 내뱉는 것은 인간으로서 최소한의 예의가 없는 사람이라는 생각마저 들게 한다. 이런 유형의 사람은 순수하게 베풀어본 적이 없고, 남의 돈으로 베풀면서도 자신이 감사 받는 걸 당연하게 여기고, 그 감사가 물질로 표현될 때 보람을 느끼는 사람이다. 그의 사전에는 도와주다, 양보하다, 봉사하다, 베풀다, 희생하다, 헌신하다, 밑지다 등의 단어는 없을 것이다.

천안함 사고 당시 유가족뿐만 아니라 온 국민이 실종자들의 구조 소식을 애타게 기다리던 시기에, 소형차에 세계 유명 자동차 로고를 붙인 것처럼 태극기 휘장을 단 조잡한 점퍼와 모자를 쓰고 나타난 것은 놔두고라도 "위기 시 최전방을 찾은 국가원수는 내가 처음이다"라고 자화자찬하는 저급함이라니……

　지금까지 해온 것을 보면 앞으로도 그럴 일은 없겠지만, 혹시라도 문제가 되는 정책이 국민의 강한 저항에 부딪혀 국민이 원하는 방향으로 선회하고, 경제가 살아나 다들 성군으로 찬양할지라도 북한 식량 원조에 대한 저 기사와 국민의 슬픔 앞에서 자기 과시나 하는 그 모습으로 그 인간성의 바닥을 봐버린 나로서는 그에 대한 생각이 크게 바뀌지 않을 것이다. 보수, 진보의 이념을 떠나 작은 바늘구멍으로 인간의 바다 전체를 본 느낌이랄까.

　저급하고 천박한…… 그 순수한 저열함이여.

그들의 오해

 십여 년 전에 무슨 행사에선가 그를 처음 봤다. 과장이 아니라 정말 몸 뒤에 후광이 드리운 듯한 모습은 감탄을 자아내게 했다. 잘 어울리는 짙은 색의 양복, 신뢰가 가는 목소리. 맞다, 그는 빼어나게 잘생겼다거나 남성적이거나 멋진 게 아니라 신뢰할 수 있는 외모였다.

 그의 데뷔작인 어떤 드라마에서 마루에 걸터앉아 통기타를 치던 싱그러운 모습이 오래 기억에 남아서, 본능적으로 끌리는 타입은 아니어도 연예인치고는 참 건실한 사람일 것 같다는 생각이 들었다. 여성지에서는 자기 돈을 투자해 극단을 만들고 음악 하는 와이프를 유학 보내는, 안팎으로 멋진 사람으로 소개되었고, 그런 이미지는 〈역사 스페셜〉이란 프로그램의 MC를 맡는 데 한몫했을 것이다. 그 프로그램 덕분에 더 지적인 사람으로 덧칠해져, 누가 봐도 괜찮은 사람으로 보였던 유인촌……

> 작가는 세상을 결코 '쉽고' '가볍게' 보지 않는다. 나는 그것이 좋다. 부박한 생이긴 하지만 세상살이는 그렇게 간단치 않다. 이제 '나는 누구와 어디를 향해 가고 있는가'라는 진지한 질문을 던지며, 천천히 무겁게 살아볼 일이다.

대중적인 인기를 끈 박경철의 『시골의사의 아름다운 동행』이라는 책에 대한 그의 서평도 그에 대한 좋은 이미지를 더해주었다.

그 뒤 뉴라이트 운동, 이명박 선거운동, 서울문화재단, 문화체육관광부장관으로 변신이 거듭될 때마다 혼란스러웠지만, 예술인 출신이 문화부의 수장이면 그쪽 일만큼은 잘할 거라 믿었다. 그러나 착각은 여기까지. 장관 자리에 앉자마자 그가 한 일은 지난 정권에서 들어온 사람은 물러나는 게 순리라며 아직 임기가 남은 문화예술계 인사들을 쫓아내는 것이었다. 정부에 도움을 바라는 예술단체를 해체하거나 지원을 중단하는 등 감투 쓴 사람의 횡포가 이어지는 걸 보고, 그의 삶의 철학이 겨우 이것이었는지, 그가 향하고자 하는 곳은 여기였는지, 남의 모가지 뎅강 자르는 게 '천천히 무겁게' 사는 것인지, 따져

물어보고 싶었다.

　전문적인 소양이나 식견 없이 정치 쪽을 기웃거리다가 대중적인 인지도와 높은 사람 눈에 들어 정치에 입문한 몇몇 연예인들을 보면 겸손해서라기보다는 주눅이 들어서 그런 것처럼 큰소리를 못 내고, 큰소리를 낼 때는 아부성 발언을 할 때가 대부분이었다. 그런 의미에서 볼 때 연예인 출신 정치인 중에 가장 목소리가 컸던 유인촌은 원래 성격이 천박하고 과격해서 그런지는 모르겠지만, 이명박과 자신을 동일시하기 때문에 그런 거침없는 태도를 보이는 게 아닌가 싶다. 그래서 그의 언행을 보면, 이 정부의 행태를 그대로 보여주고 있다는 느낌을 받는다.

　언론을 마음대로 할 수 있다는 자신감, 그래서 '기자 나부랭이' 한테는 "씨바, 찍지 마" 쌍욕을 해도 상관없다는 태도, 그런 행동이 전파를 타고 나가 국민에게 전해질 것을 두려워하지 않는 오만함 등 그가 한 행동은 이 정부가 국민을 어떻게 보고 있는지, 정치인이라는 위치에서 어떤 생각을 하는지를 여실히 보여준다. 국민에게는 오만방자하게 굴면서 윗사람에겐 엉덩이뼈 부서져라 꼬리 흔들고, 혀가 닳도록 핥아대는 족속들…… 내가 볼 땐 그도 그런 정치인들 중 하나일 뿐이다. 덕분에 30개월 장관 자리 보존하고, 퇴임 이후에도 예술의 전당 이사장 자리를 꿰차고 있지만, 본인 말대로 정권이 바뀌면 물러나야 할 자리다.

　이런 사람들이 완장을 차게 되면 감춰져 있던 천박한 속성이 어쩔 수 없이 하나둘 드러나기 마련이다. 이들 중에는 아침 여성 프로그램에서 MC를 맡아 소박하고 푸근한 인상을 줬던 한선교도 어금버금한다. KBS 수신료 인상에 관한 민주당 비공개회의를 불법 도청한 일에 연루된 것만으로 국회의원 자리를 내놓아도 시원찮을 판인데, 완장 찬 자신의 팔이 꽤나 듬직했나 보다. 19대 국회의원으로 당선된 지 얼마 안 돼 음주운전 동석으로 말썽이 났으면 "죄송하다"는 사과가 우선이련만, 되레 정치 공세라며 고발하겠다고 펄펄 뛴다. 친박 성향인 이 사람의 힘의 근원은 박근혜가 대통령이 될 것이라는 확고한 믿음일 것이다.

커다란 권력에 빨대를 꽂은 자신의 힘을 과신하고, 눈에 보이는 게 없는 얍삽한 ××부류들. 줄반장도 감투라고 칠판 앞에 서서 떠든 사람, 청소 안 한 사람, 지각한 사람의 이름을 적으며 정작 본인은 청소시간에 빈둥거리다가 선생님이 오는 기척이 나면 유리창에 붙어 맹렬히 걸레질을 하는 아이들이 있다. 강한 자 앞에선 수그리고 약한 자에겐 선생님의 매를 대신 휘두르는 강약 약강의 인간들.

문화부장관 시절, 유인촌은 딱 그런 행동을 보여줬다. 그에게 기자와 국민은 약한 자다. 눈을 부라리고 목소리를 깔면 겁을 먹을 부류가 기자, 언론이고, '상소리 정도야 하찮은 국민들이 들으면 좀 어때. 생각보다 비난 여론이 거세긴 하지만, 여론 그까짓 것, 우리 각하께서 밀어주시면 끄떡없어'라고 여긴다. 그에게 강자는 대통령뿐이고, 자신이 대통령의 분신이다.

개인적인 성격이나 딴따라 운운하며 문제를 개인에게 묻는 것보다 그렇게 오만하고 방자할 수 있는 힘의 근원, 그 이유를 물어야 한다. 개인적인 문제는 분명히 있다. 우선은 학벌이나 지식과 상관없이 무지하다는 것. 그래서 힘의 역학을 알지 못하고 바로 코앞만 본다. 어느 쪽으로 저울의 추가 기울어질 것인지, 멀리 내다보지 못해 당장의 이익에 눈이 충혈된다. 욕심은 넘치고 기질은 천박하니, 약한 자

> 약한 자에겐 흙 묻은 구둣발을, 강한 자에겐 목소리 떨리는 삶을 선택한 부류들, 그들에게 국민은 없다

에겐 흙 묻은 구둣발을 내밀고 강한 자에겐 목소리까지 떨리는 삶을 선택하는 것이다. '부끄러움을 돌아보지 않고 마치 똥이라도 핥아줄 듯이 아첨하는 떼거리'라는 뜻의 상분지도(嘗糞之徒)라는 말이 딱 어울리는 족속이다. 이들이 가장 잘하는 일은 권력이란 끈에 매달려 자신이 아부할 대상의 똥맛을 보는 일이다. 그들에게 국민은 없다.

하지만 이조차 그의 무리들이 그동안 해왔던 행동에 비하면 특별하지 않다. 권력을 위한 삶을 추구하는 자들이 당연히 할 만한 일이고, 그들의 주군에겐 소신 있는 태도라고 칭찬받을 행동이다. 그들의 하늘이고 신이신 대통령님이 직접 방송, 언론, 국민에게 험한 말을 하는 것은 심히 모양 빠지는 일이라 자기들끼리 이심전심으로 전해지는, 눈빛만 보아도 알 수 있는 은밀한 대화와 달콤한 밀어로 속삭일 것이다.

"언론? 기자? 鳥또 아녀…… 궁민? 그까이 꺼 대~충~ 말 바꿔 가며 오해다, 실수였다 하면 금방 잊어버리는 닭대가리들이여. 걱정을 하덜덜덜 말어……"

그들의 오해는 여기서부터 시작이고, 국민은 결코 닭대가리가 아니다.

겁쟁이

 이런저런 일로 열 시가 넘어서야 운동을 하러 집을 나섰다. 누적된 피로와 연속되는 느린 템포의 음악들 때문에 발걸음은 더욱 무거워져 오늘은 욕심 부리지 말고 천천히 걷자고 되뇐다.
 남자 가수가 부르는 〈겁쟁이〉라는 노래를 들으면서 겁쟁이라는 단어에 생각이 꼬리를 문다. 요즘 집에서 기르는 강아지들이 그렇듯 자신도 사람인 줄 착각하는 우리 집 강아지는 특별한 경우를 제외하곤 사람을 보고 짖는 일이 없고, 누구에게든지 꼬리 치며 달려간다.
 그 특별한 경우란, 식구들끼리 애정 표현하는 걸 보고 질투할 때,

망토 같은 시커먼 비옷을 입은 사람을 마주쳤을 때, 누군가가 다른 사람을 해치려는 제스처를 봤을 때다. 처음엔 나쁜 사람에게 경고하는 의미인 줄 알았는데, 애견 사이트에 들어가 보니 대개의 개들이 짖을 때는 '겁이 나서'라고 한다.

두렵고 겁이 나서 '짖는다'.

겁이 날 때 사람들의 행동은 여러 가지다. 개처럼 두려움을 공격적으로 표현하는 사람, 꼬리를 내리고 슬며시 도망가는 사람, 마음속의 불안과 두려움을 차곡차곡 쌓아뒀다가 정신적인 결함이나 틱장애*로 나타나는 사람, 두렵지 않다는 걸 강변하기 위해 자신의 논리를 개발하고 겁날 게 없다는 듯 행동하는 사람, 속 보이는 거짓말로 그때그때 상황을 모면하려는 사람, 모든 책임을 타인에게 전가하고 이불 속에 숨어 있는 사람, 좀 더 강한 사람의 뒤에 숨어 존재감 없이 사는 사람, 겁 많은 자신을 부정하고 강한 자의 논리와 함께하는 사람, 자기와 같은 부류하고만 어울리는 사람.

근본적으로 인간은 모두 자신의 존재, 불확실한 미래, 닥쳐오는 노후 등 눈에 보이지 않는 것부터 지금 당장 수행해야 할 업무라든지 줄어가는 통장의 잔고 등 눈앞에 보이는 것까지 어떤 것에든 두려움 하나씩은 갖고 있다.

심재철, 김문수, 이재오 같은 사람들은 처음부터 명예와 권력을 좇는 부류이면서 학생운동을 이용한 '악한' 사람들일 수도 있지만, 어

---

*
근육이 빠른 속도로 반복해서 움직이거나 소리를 내는 장애.

쩌면 가장 겁이 많은 '약한' 사람들인지도 모른다. 젊은 치기로 앞장서다 보니 닥쳐올 상황에 덜컥 겁이 나고, 감당하지 못할 미래에 대한 확신도 없어 힘센 자의 그늘로 들어갔으나, 자신의 변절에 대한 비난이 두려워 먼저 자신을 합리화하려고 남보다 더 목소리를 크게 내고 완장 찬 팔을 더욱 세게 흔드는지도 모른다. 과거를 부정하기 위해 앞장서서 미국산 쇠고기를 시식하고, 자신이 빨갱이로 몰린 경험이 있음에도 이젠 다른 사람을 빨갱이라 매도하고, 자신의 과거 신념과는 다른 대통령의 오른팔이 된 겁쟁이들.

> 겁먹지 마.
> 정의를 위해 모인 우리가 훨씬 힘이 세.
> 우린 겁쟁이가 아니야

　자신들의 정책과 반대되는 말을 못 하도록 언론을 막고, 인터넷에 글 몇 개 올린 것을 전기통신기본법이라는 희한한 죄목으로 잡아들이고, SNS에서 몇 마디 한 걸 유언비어 유포죄로 몰아 모든 사람들에게 자기 검열을 하게 한다. 블로그에 떠돌아다니는 동영상 하나 올린 것을 자기편이 아니라는 이유로 뒷조사를 하고 함정에 몰아넣는 일…… 겁이 나기 때문이다. 겁이 난 얼굴을 감추기 위해 무서운 표정을 짓는 것이다. 두려워서 거짓말을 하고, 공격적으로 되기도 하고, 상대에게 허물을 뒤집어씌우고 힘센 자의 힘을 빌리려고 한다. 정의와 불의의 경계에 대해선 아예 생각하지 않는 게 두려움을 감추는 비법이다. 보수라는 명분 아래 힘 있는 자들의 주변에 모이고, 새로운 힘을 만들어내려고 하는 이들…… 그들이 가장 겁쟁이다.

어두운 골목길을 혼자 걸을 때는 모골이 송연하지만 여러 명이 함께 갈 때는 도리어 어두운 길이 재미있기도 하다. 사람들은 조직을 만들기도 하고 조직에 속하기도 한다. 힘을 모으기 위해서라는 게 표면적인 이유지만, 결국 혼자서는 겁나는 일을 여러 명이 하는 것이다. 겁쟁이들에게 우리의 힘을 보여주기 위해 하나가 아닌 여럿이 되어야 한다. 우리는 겁쟁이가 아니라는 걸 보여줘야 한다. 겁먹지 마. 개인의 욕망으로 뭉친 그들보다는 정의를 위해 모인 우리가 훨씬 힘이 세. 우린 겁쟁이가 아니야.

정리되지 않은 생각을 끝내고 고개를 들어보니 시작할 땐 산책하는 부부, 연인, 마라톤 연습하는 사람, 자전거 타는 사람, 인라인스케이터를 즐기는 아이들, 옆을 스치고 마주치는 사람들이 꽤 많았는데, 지금은 멀리서 뛰어오는 남자 몇 명 빼곤 주변에 아무도 없다. 한 시간 거리를 두 시간 가까이 걷고 있었고 시간은 열두 시가 가까워졌다.

가슴 높이까지 우거진 갈대, 잡풀, 나무들…… 남자들이 가까이 올 때마다 덜컥 겁이 난다. 평소의 소신대로 흉기인 얼굴을 들이밀자고 마음을 단단히 먹긴 했는데……

혹시 "못생긴 여자가 서비스가 좋다"는 우리 대통령님처럼 특별한 여성관을 가진 놈이면 어쩌지……

나비

아이큐 178, 과격하고 그로테스크한 묘사로 독자층의 호불호가 분명한 일본의 배우이자 작가인 츠츠이 야스타카의 단편소설 중에 「나비」라는 작품이 있다. 어여쁜 제목과는 달리 내용은 섬뜩하다.

주인공이 잡은 날개 직경 3센티미터의 아름다운 나비는 매일매일 점점 커간다. 5센티미터, 1미터, 30미터, 100미터…… 1미터 정도 됐을 때만 해도 방송에 출연해서 사람들의 경탄을 자아냈지만, 심한 바람을 일으키고 태양을 가릴 만큼 커버린 날개와 나비가 매일 빨아먹는 엄청난 양의 수액으로 도시의 나무들은 시들고 시민들은 햇빛조차 볼 수 없는 지경에 이른다. 일본 자위대는 나비에게 대포까지 쏴보지만 나비는 죽지 않고 날개 파편만 떨어져, 도시는 여전히 어둡고 사람들은 점점 목과 눈이 아파온다.

그런데 사람들은 목이 아프다, 눈이 아프다고 하면서도 도쿄 하늘을 덮은 나비에 대해 더 이상 말하지 않고, 하늘이 어두운 것에도 익숙해진다. 작가는 말한다. 사람들이 왜 나비에 대해 잊었는지. "그것은 나비가 너무 커져버렸기 때문이다"라고.

대한민국의 하늘도 거대한 나비의 날개로 덮여 있어서 사람들은 원래의 하늘이 얼마나 밝았는지 점차 잊어가고 있는 듯하다. 개개의 사건에는 흥분하면서도 날개의 존재에 대해선 잊고 있는 것처럼.

하늘을 덮은 것의 정체에 대해선 아예 생각하지 않는 그런 암흑의 시대가 지금 대한민국이라면 소설 같은 세상이라고 기뻐해야 할까.

> 대한민국을 덮은 거대한 나비의 날개, 그러나 밝음에 대한 열망은 나비의 심장을 뚫는 화살이 되리니

사회적 상식이나 도덕은 팽개치고, 자기들 마음대로 적용하는 법으로 합법성을 획득한 자들에게 과연 우리는 합법적으로 대응할 필요가 있을까 하고 생각한다면 심각한 반역이자 무모한 짓일까. 이런 불가해한 현실과 절대적인 악을 경험한 사람에게 대한민국은 어떤 의미일까. 영화 〈모범 시민〉에서처럼 직접 무기를 들어야 하는 건 아닐까. 민간

인 불법사찰로 애써 일구어온 사업체, 보장된 미래, 가족들의 행복 등 모든 것을 다 잃은 김종익 씨에 관한 기사를 읽으면서 여러 가지 생각이 들었다.

그가 사찰을 당한 표면적인 이유는 개인 블로그에 인터넷에 돌아다니는 정부 비판 동영상을 올렸다는 것이다. 하지만 속내를 들여다보면 지난 정부의 정치인과 고향이 같다는 것, 그리고 10년 전쯤 '노사모'에 가입한 전력 때문이다. 그리고 그 정치인이 전(前) 대통령의 오른팔이었다는 이유로 전 대통령과 엮어보려는 의도가 숨어 있다. 한 사람의 인생쯤이야 우습게 알고 자기들의 목적만 이루면 그만인 자들에겐, 상식적인 나라라면 정당하게 통용될 그의 항변, "설사 제가 노사모이면 어떻고 이광재를 알면 어떻습니까?"라는 말은 마치 외계어로 들렸을 것이다. 노사모면 범죄자를 돕는 집단이고, 그 회원이면 잠재적인 범죄자, 이광재를 알면 전 대통령의 비리에 가담한 부패한 자가 될 것이니, 그가 흘리는 눈물이 쇠를 녹일 것처럼 뜨겁다.

언론계, 노동계, 공직자, 정치계, 종교계, 소셜테이너뿐만 아니라 법을 위반한 적이 없는 민간인들까지 불법적으로 사찰하는 일이 민주국가에서 버젓이 벌어졌다. 대놓고 사찰한 것도 모자라서 어떤 식으로든 옭아매려고 없는 죄도 만들어냈다. 죄를 만들어내기 위해 주변 사람들을 협박해서 그를 함정 한가운데로 몰아갔다. 국민의 기본권과 헌법정신을 훼손하는 이런 불법적인 일을 국민의 세금과 더러운 권력으로 청와대 고위직 인사들이 주도했다.

이명박 정부가 들어선 직후 각 기관에서 기관장을 몰아내려고 먼지떨이를 하면서, 통장을 조사하고, 뒤를 캐고, 사람을 붙여 미행하고, 부하 직원들을 조사해서 도저히 견딜 수 없게, 아니면 더러워서 그만두게 하는 수법을 썼다. 약점을 잡고 가족을 인질로 삼아 영업권을 따내는 유흥업소의 깡패들이나 할 법한 야비한 수법에 가족을 살리려고 영업권을 내놓고 죽음을 택하는 사람도 있었다. 말은 안 했지만 다들 알고 있었다. 그리고 침묵했다. 나비의 날개가 점점 커지는 것에 두려움을 느끼던 시기다.

내 고향 야당 정치인이 누구지? 한 번 되짚어보고, 그 정치인과 꿈에서라도 한 번 본 적이 있는지 자기 검열을 해야 하는 시대. 나랑 조금이라도 연관 있는 사람이 혹시 잘못되면 나까지 함께 엮이는 게 아닐까 하는 두려움에 떨었다. 옳지 않은 것에 눈감고, 하고 싶은 말이 있어도 튼튼한 실로 입을 꿰매고, 정부에 반하는 말에는 보청기 잃어버린 흉내를 내고, 장님 삼 년, 귀머거리 삼 년, 벙어리 삼 년, 며느리 삼계명을 외워가며 사는 사람들이 늘어갔다.

그리고 얼마 후엔 하늘을 덮은 나비의 날개에 익숙해진 것처럼 그런 일들이 새로울 것도 없고, 새삼 분노할 것도 없는 당연한 것이 되어 하룻저녁 뉴스거리도 안 되었다. 민간인 불법 사찰이 백일하에 드러나고 그 일을 누가 주도했는지도 밝혀졌는데, 참여정부의 정당한 감찰도 불법사찰로 모함해서 물타기를 하더니, 이제는 다른 사건에 묻혀 잊혀져간다. 심지어 깃털이 몸통이라 당당하게 외치며 영웅 노

릇까지 하려 한다. 나비의 날개가 너무 오랫동안 하늘을 덮고 있다.

하지만 박쥐가 아닌 이상 인간은 어두운 것보다 밝음을 좋아하고 또 밝음을 추구한다. 밝음에 대한 열망은 나비의 심장을 뚫는 화살을 만든다. 나비의 날개는 찢어지는 중이고 찢어진 날개 사이로 비치는 빛은 그동안 잊고 있던 가치를 떠올리게 할 것이다. 자신들의 비리를 밝혀내는 방송을 금지시키고, 구멍 난 거짓말을 다른 거짓말로 메우는 퍼덕거림. 나비는 찢기고 구멍 난 날개가 마냥 큰 줄 알고 찢긴 날개로 계속 퍼덕거린다.

그러나 아무리 큰 나비라도 평균 수명이 한 달에서 수개월, 가장 수명이 길다는 황모시나비라는 희귀종의 수명도 2년이 넘지 않는다는 건 알아야 할 것이다.

내가 아는 욕들

욕할 줄 모르고 욕하는 사람을 상스럽게 생각했던 내 입에서 요 몇 년 사이 욕이 절로 나온다.

한우보다 맛있다 시식까지 하며 국민의 건강보다는 자신의 이익을 위해 거짓말을 일삼는 쓰레기들을 보고, 뉴타운 개발 공약에 속아 좋은 패를 두고도 흑싸리 껍데기를 집어든 그 지역구 유권자들을 보고, 어린지 영어교육, 입시경쟁, 사교육 시장 확대, 인간성 말살 교육 정책들을 선택한 강남 구민들의 광기 어린 투표 결과를 보고, 단지 땅을 사랑해서라는 역사에 남을 부동산 투기 변명을 보고, 농민 몫인 쌀 직불금을 가로채는 걸 보고, 부른 배 터지도록 더 불려주기 위해 법을 바꾸는 걸 보고, 지켜보는 국민은 안중에 없이 성질 뻗쳐 쌍욕 하는 양촌리 촌놈을 보고, 간과 쓸개에 교대로 들러붙어 미친년 널뛰듯 독기 어린 말을 뱉어내는 정치인들을 보고……

 천한 넘들.

 주머니 속까지 뒤져 탈탈 털어내서 억지 트집으로 정연주 사장 쫓아내는 걸 보고, 구역 싸움하는 깡패들처럼 YTN 접수하려는 만행을 보고, 전(前) 대통령 흠집 내기 위해 합법을 가장한 인간적인 모욕들을 보고, 공공기관에 자기 사람을 앉히기 위해 온갖 비열한 수단을 동원하는 걸 보고, 신성한 의무를 저버리고 인간의 탐욕에 젖어 권력에 기생하는 종교집단의 행태를 보고, 국민의 입을 막기 위해 방송법을 바꾸고 국회폭력방지법 등으로 발광하는 위정자들을 보고, 침 찍어대며 거짓 눈물 보이다 돌아서서 유모차 엄마들까지 잡아들이는 것을 보고, 대립되는 노선과 정치이념을 가진 오바마와 자신이 닮았다는 개그를 보고……

 미친 넘들.

 일관성 없는 임기응변식 경제정책에 국민 세금 쏟아 부으며 선방이다 잘했다 자화자찬하는 꼬라지를 보고, 복지정책 후퇴로 화려한 불빛 아래 늘어나는 빈민들 숫자를 보고, 문화예술까지 실용이라는 이름으로 규제하고 검열하는 걸 보고, 겨우 햇빛 보던 대북관계 한 방에 날려버리는 뛰어난 능력을 보고, 겨우 한다는 짓이 지하벙커에서 끼리끼리 쑥덕거리는 걸 보고, 야간집회 금지, 마스크 착용 금지, 사이버모욕죄…… 세상에 없는 희한한 법을 만들어내려는 창조력을 보고, 중소기업 자영업자는 죽어나건 말건 비즈니스 프렌들리 충실하게 이행하는 걸 보고, 88만원 세대라는 말조차 이젠 꿈처럼 들리게 하는 비정규직 해고를 보고, 반값등록금 공약은 심리적 부담을 반으로 덜어준다는 말이어서 장학금 받으면 된다는 어처구니없는 진상을 보고……

써글 넘들.

"절대 안 하겠다, 국민이 원한다면" 했던 약속 따윈 우습게 씹으며 쥐새끼처럼 몰래 대운하를 4대강으로 말 바꾸는 걸 보고, 대기업을 위해 공군과 국가의 안전까지 팔아버리는 걸 보고, "일본 덕으로 근대화가 됐다, 일본의 잘못을 묻지 않겠다, 용서했다"라며 땅덩이뿐만 아니라 자존심까지 냉큼 바치며 일본에 충성을 맹세하는 뉴라이트와 대통령을 보고, 아이들 정신까지 개조시키려는 역사 왜곡 교과서 개정 시도를 보고, 국민 몰래 한일군사정보보호협정 체결하려는 것을 보고, 흙을 집어먹든 물배를 채우든 없는 사람은 알아서 하라는 철거민 정책, 생존하기 위해 저항하는 이들을 물과 불로 공격하며 법치라는 방망이를 들이대는 걸 보고, 무책임과 거짓말로 같은 편끼리 감싸주는 걸 보고, 진실에 눈감고 권력의 하수인, 권력의 개로 전락한 정치 검찰을 보고, 훈화하는 교장처럼 설득되지 않는 논리로 혀를 날름거리며 씨부렁거리는 찬란한 별 14개짜리 전과자를 보고……

주길 넘들.

민영화, 경쟁체제 도입 따위의 온갖 핑계로 지하철, 고속도로, 우면산 터널, 인천공항, KTX 등 죄다 넘기려는 걸 보고, 원전 수주, 쿠르드 유전, 해외자원 외교한답시고 전 세기 타고 돌아다니다 결국 뻥으로 드러나는 걸 보고, 해마다 돌아가며 열리는 G20의 경제적 효과 450조, 핵안보정상회의의 소비·지출 효과 1천억, 원전 수주에 유리하다는 속 보이는 거짓말을 보고, 광우병 걸린 소가 발견돼도 수입 중

> ・・・
> 미친 넘들, 써글 넘들, 주길 넘들, 도둑넘들, 비열한 넘들……
> 이 정도 순한 욕으로는 턱도 없는 시절

단할 수 없다는 걸 알면서 위기 모면용으로 임기응변 거짓말하는 걸 보고, 그러다 들키면 나 몰라라 배 째라 정신을 보고, 연줄처럼 여기저기 걸려 있는 친인척과 주변인의 비리를 보고, 나랏돈으로 사저 부지 편법으로 매입하는 걸 보고……

도둑넘들.

떡고물 받은 걸 들키고도 본인은 모르쇠 보좌관에게 전가하는 걸 보고, 서울시장 선거 때 선관위 컴퓨터 장난친 것도 비서가 술김에 사고 쳤다며 아랫사람 핑계 대는 걸 보고, 민간인 사찰이 어디서 시작됐는지 뻔히 아는데도 총리실 주무관을 희생양 삼으며 꼬리 자르는 걸 보고, 지난 총선에서 강남 을 미봉인 투표함 사건을 관련 직원 몇 명 징계하는 걸로 마무리하는 걸 보고, 피랍된 삼호 주얼리 호 구출 아덴만 여명작전은 나의 기지가 넘친 작전이고, 일본 대지진 때는 내가 지시해 구조대를 보냈다며 속 보이게 생색내는 것을 보고, 좋은 일은 이 몸이, 나쁜 일은 아랫놈이, 곤란한 일은 유체이탈, 참여정부 물타기……

비열한 넘들.

이제 욕을 더 배워야 할 것 같다. 이 정도의 순한 욕으로는 턱도 없는 시절이 온 것이다. 교양과 우아함, 고상함을 미덕으로 알고 살아온 강남 아줌마를 변하게 한 그들에게 축복 있으라. 축복에 어울리는 욕 하나 마지막으로……

아나~~ 감자~~!

경매
시작합니다

 안녕하십니까? 미국의 소더비, 영국의 크리스티와 함께 세계 삼대 경매소인 대한민국 소덮밥 경매에 참여해주신 여러분께 감사드립니다. 저희 소덮밥 경매소에서는 골동품, 예술품, 주얼리, 서적 대신에 역사와 사회 속에서 큰 이슈를 만들어낸 인물과 관련 있는 물품을 취급함으로써 그 물품과 연관된 인물에 대한 탐구를 제안하는 학구적인 경매를 하고 있습니다.

 4주년 기념 고객 감사행사인 이번 경매에선 손해를 감수한다는 각오로 VIP 여러분을 모셨습니다. 어제부터 시작해 삼 일간 열리는 이번 VIP 행사에서는 제시하신 가격 중 가장 낮은 가격에 낙찰되는 더치 경매*를 시행하고 있으니, 착오 없으시기 바랍니다.

어제 첫날, '인물과 구두'라는 주제의 경매에서는 연금개혁법으로 프랑스 정치사회 패러다임을 바꾸고 있는 니콜라 사르코지 프랑스 대통령의 키높이 구두가 가수 신해철 님께, 임기 내내 전쟁을 팔아 잡수신 것에 대한 감사의 표시로 이라크 기자가 부시 전 미국 대통령에게 멋지게 던져준 구두는 투수 류현진 님께 낙찰됐음을 알려드리며 여러분의 성원에 감사드립니다.

두 번째 날인 오늘은 국내정치, 경제계의 인물과 관련 있는 물품을 소개합니다.

먼저 1번, 가죽 점퍼입니다. 색상은 갈색, 30개월 이상의 미국산 소의 질긴 가죽으로 만든 고급 제품으로, 어깨에서 팔 쪽으로 내려오는 부분에 태극 마크가, 앞가슴엔 육해공을 의미하는 독수리 휘장이 박음질되어 있습니다. 안감을 살펴보면, 역시 미국 중에서도 캘리포니아 산 5개월령 어~린 쥐 18마리의 보드라운 가죽을 이음매가 보이지 않게 처리하여 양면으로 입을 수 있습니다. 이 옷은 원래의 소유주가 자이툰, 다이만 부대 귀국환영회, 천안함 사고 당시, 백령도·연평도 폭격 때 벙커 출입 시 등 주로 군대와 관련된 일이 있을

*
값을 점차 싸게 부르는 경매. 한 종류의 상품을 여러 개 팔고 싶을 때 이용하는 경매 방식.

때 입었던 옷입니다.

오늘은 특별히, 낙찰 받으시는 분께 대한민국 육군 중장 출신의 국회의원이 품질을 보증한 진품 보온병 폭탄을 추가 구성으로 준비했으니, 군 미필자 중 군인 놀이를 해보고 싶으신 분들께 강추합니다.

그럼 가격을 고민하시는 동안 이 가죽 점퍼와 보온병 폭탄이 어떤 의미를 갖고 있는지 살펴보겠습니다.

군인들과 함께할 때 민간인이 군복을 입는다는 건 그들과 같은 눈높이에 서는 것, 같은 체험을 하고 싶다는 순수한 바람에서부터, 까마귀가 공작 털을 주워 꽂고 공작 무리에 끼는 것 같은 변장의 의미도 있습니다. 군 미필자가 군복을 입는다면 열등의식, 자격지심이거나, 겉모양으로 내용을 덮으려는 저의, 또는 신성한 군대를 모독하려는 악의가 있는 행위입니다. 어떤 군 미필자께서는 군복을 입고 헬기로 연평도에 간 걸로 아는데, 그분은 이 세 가지 중 어느 쪽에 속하건 분명코 코미디임에 틀림없습니다. "전쟁 나면 군대 가겠다", 군복 착용, 보온병 폭탄 등 많은 사람들에게 웃음을 주시고 홀연히 우리 곁을 떠나신 그분이 생각나는군요. 죄송합니다. 잠시 감상에 젖었습니다.

그럼 군복이 아닌 전투기 조종사 가죽 점퍼는 어떤 의미가 있을까요? 땀띠 날 것 같은 한여름에도 입은 걸 보면 방한복으로 입은 것도 아니고, 대한민국 남자 누가 입어도 원 소유자가 입은 것보다는 멋있을 테니 간지 나기 위해 입은 것도 아닙니다.

　이유 중 하나는 미국 대통령 오바마가 입었기 때문입니다. 오바마 대통령이 군부대를 방문하면서 사병들과 눈높이를 맞추기 위해 캐주얼하게 입었던 것과 같은 디자인의 이 가죽 점퍼는 대한민국에서는 대단히 비장한 순간에 입었습니다. 본디 가죽이라는 것이 남자다운 터프함과 강인함을 과시하기에 좋은 소재입니다. 정치인이 이 옷을 입었을 때는 제복의 권위와 가죽이 가지는 이미지를 합해서 남들과 차별화된 인상, 그러면서 뭔가 열심히 하고 있다는 모습을 보여주기 위한 매우 전략적인 차림이라는 겁니다. 그럼에도 불구하고 그 전략이 먹히는 대신 조롱거리가 된 건, 뭘 입어도 폼 안 나는 원 소유주의 옷빨 때문이기도 하고, 입는 옷에서조차 가식과 이중성을 보았기 때문일 겁니다. 이렇게 소중한 물품, 어느 분께 낙찰될 것인지 기대가 큽니다.

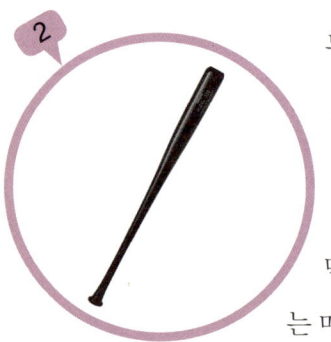

　두 번째 물품 소개하겠습니다.
　한 번 휘두를 때마다 백만 원부터 삼백만 원이 날아가는 마이너스 야구방망이입니다. 흔한 알루미늄 야구방망이라 생각하시겠지만, 소유주의 고귀한 철학이 고스란히 묻어 있는 매우 특별한 물품이니 권력이라는 스위치를 마음대로 누를 자격과 권리가 있다고 믿는 분, 권력이 안겨주는 도취감을 세상에서 가장 가치 있는 것으로 믿는 분께 강추하고 싶습니다. 원 소유주와 같은 철학을 공유하신 분이시니까요.

당연히 이 물품에도 아버지의 사랑으로 한 땀 한 땀 제작한 가죽 장갑 한 켤레를 특별 추가 구성으로 같이 드립니다. 이 가죽 장갑 역시 돈의 권력이 이 땅에서 얼마나 강한지를 보여주고, 항거하는 자는 압살한다, 건들면 죽는다는 원 소유자의 단순 명쾌한 철학과 사고방식을 증거하는 물품입니다.

"권력이 적이 아니라 인간의 내면에 있는, 권력을 마음껏 휘두르고 싶어 하는 본성이 적이다"라고 일본의 추리소설 작가 마쓰모토 세이초가「까마귀」라는 작품에서 던진 메시지처럼, 그들이 마음껏 휘두르는 야구방망이와 가죽 장갑 안의 주먹이 권력이고, 그들이 던져준 수표가 권력인 이 시대에 특별히 손봐주고 싶은 놈이 있으신 분, 그러나 뒤처리를 위해 돈이 많으신 분이 가져가신다면 매우 유용하게 쓰일 거라 믿습니다.

오늘 마지막 물품입니다. 가장 치열한 경쟁이 예상되는…… 아, 제가 다 가슴이 떨리는군요. 기다리고 고대하셨던 유서 깊은 독일산 휠체어입니다. 설명이 필요하지 않을 정도로 유명한 물품이지만 간단히 소개하겠습니다.

1997년 한보 게이트 때 처음 사용된 것으로, 검찰청 출입 시 필수 아이템이며, 이 휠체어를 사용하신 분들이 유명한 재벌 총수, 회장님들, 정치인들이었다는 사실은 굳이 설명드리지 않아도 잘 아실 겁니다. 앞에 소개해드린 물품도 그렇지만 이 휠체어 역시 그만큼 귀중한 것으로, 여러분께서 꼭 한 번은 이용하실 기회가 있는 실용적인 물품이라 장담할 수 있습니다.

  검찰청에 출두할 때 이 휠체어를 타고 가면 까다로운 질문에 대답하기 힘들다, 기억이 나지 않는다, 복역하기엔 건강 상태가 좋지 않다는 것을 어필할 수가 있습니다. 게다가 병보석으로 판결받기 위해서는 필수 아이템이니 망설이지 말고 입찰에 응하시기 바랍니다. 아, 최시중 위원장님, 이 휠체어의 원 주인이 누구냐고요? 역시 관심이 많으시군요. 한보 게이트 때 정태수 회장님을 비롯해서 삼성 이건희 회장님, 한화 김승연 회장님, 태광그룹에선 영광스럽게도 어머니 아드님 모자께서 이용하셨으니 품질 면에선 의심하지 않으셔도 됩니다. 오늘은 특별히 VIP 여러분을 위해서 얼굴을 가리는 마스크와 무릎을 덮는 담요를 세트로 같이 드립니다.

  감사합니다. 저희 소덮밥 경매에서 정한 최저치에 근접하신 분께

이 귀중한 물품들이 낙찰될 것입니다. 5분간 휴식 후에 적으신 가격표를 제출해주시기 바랍니다. 행사 마지막 날인 내일엔 그분의 특별전이 열립니다. 발가락에 맞는 다이아몬드 반지와 요리책 등 많은 물품들이 준비되어 있으니 내일도 많은 성원 부탁드립니다.

미리 보는 이뻥박 추모 특집 방송

　이뻥박 대통령의 국장이 끝났습니다. 갑작스런 서거로 인해 국내 정세가 혼란스러울까 걱정스러웠지만, 예상과는 달리 평화로운 며칠이었습니다. 되레 국장 기간에 떡집, 샴페인, 꽃, 케이크, 파티 기획사 등이 호황을 누렸다는 소식도 있어 어려운 시기에 반가운 뉴스가 아닐 수 없습니다.
　오늘은 그동안 대통령의 생전 모습, 서거 후 국민과 세계인의 반응, 차분하게 진행된 국장에 관한 내용으로 진행하겠습니다. 먼저 화면 보시겠습니다.

(일본 지도 동영상과 함께 내레이션……)

1941년 스기야마 아키히로는 글로벌 시대에 걸맞은 인물로 일본 오사카에서 태어나 나중에 이뺑박이 되었다. 한국에 돌아온 이뺑박은 상업고 야간부를 졸업, 일 년간 노동일을 하다 안암대 상과에 입학하게 될 정도로 수재였다. 라기보다는 당시 입학 전형이 뽑기였는지, 선착순이었는지에 대해선 아무도 모른다. 건설회사에 입사한 그는 젊은 나이에 평사원에서 사장으로 승승장구했고, 끝내는 그 건설회사를 말아 드시는 '국밥 이뺑박'의 능력을 보여주었다. 그 후 정치계에 입문하면서 그동안 갖고 있던 재능으로, 원 스타, 투 스타…… 대통령이 되기 전에 이미 별 열네 개를 얻는 쾌거를 이뤘다. 재산 공개 직전의 아파트 소유권 이전과 부동산 가격의 불성실 신고 비리를 폭로한 비서를 해외 도피시키는 등 타의추종을 불허하는 능력가였고, 그가 찍힌 명함과 동영상은 가짜 아니면 주어가 없다는 핑계로 부정했던 사건은 그 누구도 대적할 수 없는 천부적인 재능이었다.

대기업 CEO였다는 전력을 앞세워 잘살게 해주겠다는 공약으로 대한민국 대통령이 된 것은 우연이 아니었다. 부자들을 위한 정책, 고소영 내각으로 그의 일편단심 정치철학을 보여주었고, 광우병 수입 쇠고기 촛불시위에 대한 말 바꾸기 연설은 역시나 전 국민을 열광시켰다. 한다, 안 한다, 수차례 말 바꾸기 끝에 결국 4대강 유역개발이라는 이름으로 탈바꿈한 대운하 공사는 서서히 진행되어 전국이 망치질과 삽질 소리로 가득 차게 되었다. 그의 가장 큰 위업인 4대강 사업은 그의 약속대로 '국민의 일부'인 그의 친인척 일가와 건설회사 등의 배를 불려주는 치적이 될 것이다.

한 가지에 대한 그의 집념은 놀랄 만하다. 전(前) 대통령의 과오를 잡기 위해 총력을 기울인 끝에 결국 죽음에까지 이르게 한 집념은 그의 끝없는 도전정신을 엿보게 했다. 전직 대통령 서거 후에도 멈추지 않는 흠집 내기와 물어뜯기는 그의 성공 이유를 보여준다. 또한 그는 유머 감각이 탁월해서 언제나 주변 사람들을 즐겁게 만드는 재주가 있었다. 미생물이 눈에 보이지 않는데 어디 있느냐, 음식에 멜라민은 왜 성분 표시하지 않느냐면서 과학을 살짝 비트는 일화는 유명하다. "나는 정치적이지 못하며 정직한 대통령으로 남으려고 한다", "도덕적으로 완벽한 정부" 등 반어법에도 능숙한 언어의 마술사였다.

그의 검소함과 부지런함 또한 누구도 흉내 낼 수 없었다. 청와대 안의 전등을 손수 끄거나, 전세금 몇 백만 원 빌려달라는 무례한 운전기사의 '모가지'를 몸소 잘랐으며, 필요 없는 전봇대를 뽑으라는 지시 하나도 직접 내리거나, 새벽 회의 소집과 철야 근무로 안이한 공무원들을 긴장시켰다. 재래시장 방문, 생활보호 대상자와 전화 연결 등의 작은 제스처부터 예우를 다하겠다, 화해와 협력을 하자, 국민을 위해

기도한다 등 그가 보여준 쇼맨십은 한 나라의 지도자로서 손색이 없었다.

그의 성공은 혼자만의 것이 아니었다. 부인인 김윤억 여사의 내조가 아니었다면 조금은 어려웠을 거라는 주변 사람들의 전언이다. 자녀 위장 전입, 위장 취업, 발가락에 다이아몬드 반지 끼고 들어오기 등 위험한 미션을 태연하게 수행한 김 여사는 군자금을 속옷에 숨겨오는 독립군의 아내와 같은 사업적 동지이기도 했다. 손님이 와도 남편 앞에만 돌솥밥을 올리며 남편을 하늘같이 공경하는 자세는 여성 모두 본받을 만한 양처로서의 자세다. 노 대통령 영결식장에서 소리치는 야당 의원을 흘낏 돌아보며 무시해버려, 라고 대통령에게 속삭이는 부인 김 여사의 배포는 대통령에 못지않아 언제나 든든한 동반자였다.

이뺑박 대통령의 과거를 보면 그가 체험의 현장에서 얼마나 다양한 경험을 했는지 알 수 있다. "나도 한때는 민주화운동 학생", "나도 한때는 불교와 매우 가까운 사람", "나도 한때는 노점상", "나도 한때는 떡볶이, 뻥튀기 장사", "나도 한때는 비정규직", "나도 한때는 깡패에게 쫓겨나본 철거민", "나도 어릴 적 꿈은 시인", "나도 소상공인 선배", "나도 한때 배를 만들어본 사람"…… 등 "나도 한때는 군인이었다"란 말만 없을 뿐 과연 그가 인간이 맞는지 신은 아니었는지 의심이 갈 정도다, 오해다, 문제없다, 충분하다, 끄떡없다, 걱정 말라, 그런 적 없다, 해명하겠다, 엄단하겠다 등 그의 자신감 넘치는 언어는 오점 하나 없는 그의 인생을 잘 보여준다.

서거 후 대통령의 서재엔 생전에 그가 즐겨 읽었다는 책들로 가득 차 있었다. 공맹노장부터 김대중 대통령의 서재에서 보이던 책들은 평소에 아끼던 책이었는지 깨끗하게 보관되어 있었고, 손때 묻은 책 몇 권도 보였다. 『위아래는 있어도 좌우는 없다』, 『촛불, 잔치는 끝났다』, 『그 많던 돈 봉투는 누가 다 먹었을까』, 『내 무덤에 침을 뱉지 마』, 『돈으로도 때리지 마라』, 『닥치고 착복』 등 장르를 불문하는 방대한 독서량이었다. 특히나 여성 문제, 아니 여성에 관심이 많았던 그의 여성관과 제3차 산업에 관한 장서 『세상은 넓고 여자는 많다』, 『못생긴 여자가 서비스가 조타』는 그가 얼마나 다양하게 사회현상을 들여다보고 있는지를 말해주고 있다.

국민들에게 수많은 숙제를 남겨두고 이제 그는 떠났다. 그의 유지인 분열, 차별, 복수의 숙제를 어떻게 풀어갈지는 우리들의 몫이다.

삼가 이뻉박 대통령의 명복을 빕니다.

이어서 외국 조문사절단 소식입니다. 미국에서는 부시 전 대통령과 오바마 대통령의 조문을 예상했지만, 주한대사가 대신하였습니다. 생전에 고인이 미국에 바쳤던 충성을 생각하면 대사의 조문은 의외였지만, 일본에서는 독도, 위안부 문제 등 한일 간의 관계에서 새 지평을 열어준 고 이뻥박 대통령께 늦게라도 감사드린다며 수상을 비롯한 열 명의 각료가 대거 입국했습니다.

하지만 중국과 영국, 프랑스, 독일 등지에선 클린턴 전 대통령이 키우던 개에 관한 소식과 함께 해외 단신으로 서거 사실을 짧게 보도했을 뿐이어서 충격입니다. 어제까지 대통령 분향소에 다녀간 국민의 수는 총 천2백 명으로 집계되어 역시 충격을 안겨줬습니다. 많은 국민들이 공휴일인 영결식을 포함해서 긴 휴가를 떠난 걸로 알려지고 현직 장관들까지 불참한 이유에 대해서 청와대 관계자가 비공개로 한 말은 의미심장합니다.

"정승 집 개가 죽으면 문상 가지만, 정승이 죽으면 누가 가냐고요~"

이상으로 전직 대통령 서거에 관한 특집방송을 마칩니다.

Part 4

가슴 아픈 이름,
작은 소망

봉인을 풀고

 길을 나서는 새벽부터 찌는 듯한 날씨였고, 스페인으로 떠나는 비행기 안에서 마지막으로 본 뉴스는 어느 장관 후보의 쪽방촌 투기 기사와 4대강에 관한 〈피디수첩〉 불방에 관한 인터뷰였다. 그리고 언제나 지구 건너편으로 건너가면 그렇듯, 몇 시간 전에 떠나온 곳이 아득해지고, 애써 노력하지 않아도 잊게 된다.
 옷차림부터 자유로운 이방인들의 모습에서 영혼조차 자유로움을 느끼고, 그동안 크고 작게 마음을 괴롭혔던 일들이 사소하게 여겨지며, 휴가를 즐기는 서양의 꼬부랑 할머니 할아버지들을 보고는 노후에 연금 받아 저 정도는 즐길 수 있어야지 하고 사람답게 사는 것에 대해 잠시 생각한다. 혼자 집을 지키는 딸아이와 강아지의 안부를 묻기 위해 매일 한 번 보내는 문자 말고는 한국에 대해선 까맣게 잊었다. 유럽 어디에나 있는 아름다운 성과 성당, 박물관, 독특한 양식의 가우디 건축물…… 해외여행에는 뭔가 축제적인 것이 필요하다고 무라카미 하루키가 「하늘 위의 블러디 메리」에서 말했듯이, 그리고 우리의 "여생 중 가장 젊은 날의 여행"이 아닌가. 즐기자. 먹고, 마시고, 구경하고, 그리고 마지막 날이었다.

아직도 국왕의 공식적인 행사에 이용한다는 마드리드 왕궁. 보지 않았으면 상상하기 힘들 정도의 호화로움에 감탄하다가, 어느 나라나 지배자는 찬란한 금잔에 백성의 피를 담아 마시는구나 하는 생각이 드는 순간, 가이드의 지나가는 말이 가슴을 쿵 내려앉게 했다.

"아직까지 이 궁전을 찾은 대한민국 대통령은 고 노무현 대통령뿐입니다."

어쩌자고 여기에서 또 이 이름을 듣는단 말인가.

임종을 지키지 못한 내 아버지를 드러나게 추억한 일은 없었다. 기쁜 감정과는 다르게 슬프거나 화나는 감정을 드러내는 것은 왠지 촌스러운 감정 과잉으로 보일 것 같은 부끄러움과 아예 그런 기억이 떠오르는 것조차 미리 차단해버리는 방어기제는 오래된 것이었다. 슬프거나 미안하거나 떠올리고 싶지 않은 기억은 머리에 철커덕 셔터를 내리고 잠을 청하는 오랜 버릇 때문에 가까이 사는 사람에게조차 둔하고 냉정하다는 소리를 듣기도 하지만, 시간이 지나면서 무의식에 쌓인 슬픔은 반복되는 꿈으로 어둠 속에서 눈을 뜨게 만든다. 그렇듯 추모전시회를 다녀온 일 빼놓고는 노 대통령을 추억하는 일은 없었다.

분향을 하기 위해 덕수궁 돌담길을 빙 돌아 서 있었던 일, 영결식 날 시청광장 한구석에서 숨죽여 운 일, 늦게야 봉하마을에 간 일 등은 사실 노무현 개인을 좋아해서라기보다는 단지 불의에 항거하고, 거짓과 함정, 부정한 방법에 희생된 전직 대통령에게 아무런 힘도 되지 못했다는 죄책감에서였다.

어떤 행위나 사람에게 몰두하는 스타일이 아니라서, 무엇인가를 수집하는 사람이나 팬클럽을 쫓아다니는 '빠순이'를 이해하지 못하고, 소중한 기억도 별로 없고 남은 기억조차 오래 간직하지 못하며, 그래서 사람관계를 지속하는 데 허술하다. 그러니 한 사람의 성격이나 인간적 성향을 좋아할 순 있어도 그 사람을 위해 깃발을 흔드는 일은 못한다.

······ 노무현,
어쩌자고 여기에서 또
그 이름을
듣는단 말인가

노 대통령 서거 소식을 듣고 여기저기서 통곡 소리와 울먹이는 목소리가 수화기를 통해 들려오는데도 난 울지 않았다. 실감이 나지 않기도 했고 '노빠도 아닌 주제'이기도 했지만, 또다시 내 감정을 속이는 무의식적인 방어기제가 작동하기 시작한 것이다. 사람들이 그에 관해 이야기를 할 때 애써 화제에서 빠지고, 누군가와 비교하는 일도 하지 않으려고 하면서, 그를 추억하거나 그리워하는 일은 하지 않았다. 그리워하는 사람에 대한 모든 것을 모으고, 사진을 걸어놓고, 행사에 쫓아다니고, 그에 관해 이야기하는 게 슬픔을 잘 이겨내고 그를 사랑하는 방법일 텐데, 나에게는 서투르고 스스로에게 쑥스러운 일이라, 머릿속 아니면 가슴속에 방 하나 만들어놓고 기억을 봉인했다.

그렇게 한국에서 자나 깨나 듣고 보는 노무현이라는 이름을 철저하게 방어하다가 마드리드에서 갑자기 허를 찔린 셈이었다. 가까운 이의 죽음을 아버지 외엔 겪은 적이 없어서 노 대통령의 서거는 내 인생에서 대단히 큰 상실감과 충격을 주었다. 그래서 더욱 그 슬픔을 방어하려 했고 인정하지 않으려고 했는지도 모르겠다. 감히, 차마…… 그의 생전을 돌이켜 떠올릴 수가 없었다. 그런데 마치 아무 생각 없이 밤길을 걷다가 오래전 첫사랑과 골목길에서 마주친 것처럼 이국땅에서 '고' 노무현 대통령이라는 단어에 가슴이 철렁하고 머리가 멍한 상태가 되었다.

봉인을 풀고 아버지를 그리워하는 마음을 드러내기 시작한 몇 년 전부터 어지러운 꿈에서 벗어난 것처럼 그의 죽음을 슬퍼하는 눈물이 나기 시작했다. 하늘을 봐도, 녹음 짙은 숲을 봐도, 맛있는 음식을 앞에 두고도, 편안한 잠자리에 들어서도. 살아 있는 사람은 이렇게 변함없이 살아가고 세상은 어찌 됐든 돌아가고 있는데…… 그동안 아낌없이 그를 사랑하고 후원한 사람들은 회한이 덜할지 모르지만, 말 안 듣던 청개구리가 더 서럽듯 오래오래 슬플 것이고, 그를 벗어나 평범한 일상으로 돌아가기엔 오랜 시간이 걸릴 것이다.

자책하고 자책한다. 더 많이 사랑하지 못한 것, 사랑을 맘껏 표현하지 못한 것, 배우자가 죽고 나서 후회하는 것처럼 살아생전 내 열정을 표현하지 못한 걸 후회한다. 힘이 되는 글 한 줄이라도 쓸걸. 냉정하고 객관적인 시각보다는 조금 치우쳐 생각할걸. 나도 빠순이가 되어 노무현을 외치며 노란 손수건을 흔들어댈걸. 지식인의 미덕인 양 내 편을 향하던 비판의식은 접어두고 좀 더 단순하고 무식하게 사랑할걸…… 어떤 것이든 후회는 이미 늦은 것이라 애통하다.

마드리드 궁전 다음으로 간 프라도 미술관에서 당시 시대상을 고발한 고야의 그림 〈엘 그란 카브론(El gran cabron)〉*(1823)을 보았다.

정치적인 이익을 위해 무지한 민중들을 두려움에 떨게 만드는 염

*
카브론은 염소라는 뜻으로 우리나라의 개××, 쥐××보다 더한 욕으로 쓰이는데, 앞의 'gran'은 영어의 'grand'이니 '위대한 염소'라는 역설적인 제목이다. 우리 식으로 바꾸면 '위대한 쥐새끼'쯤 될까.

소 모습의 정치인과 그 옆에 약간의 거리를 두고 성스러운 흰색 옷을 입은 종교인이 민중 건너편에 앉아 있다. 1800년대 스페인의 사정과 현재의 대한민국이 하나도 다르지 않다고 생각하면서 고야의 그림을 찬찬히 본다.

그의 눈길이 스쳐갔을 그림 하나하나, 풍경 하나하나가 출렁이는 슬픔으로 사무쳤다.

당신에게
감사합니다

　일본의 작가 텐도 아라타는 나오키 상 수상작인 『애도하는 사람』이란 책에서 애도한다는 것은 명복을 비는 것이 아니라 고인을 기억하겠다는 마음이라고 말했다. 애도하는 법은 죽음의 비참함과 비애가 아니라, 그 사람은 누구를 사랑했는가, 누구에게 사랑을 받았는가, 누군가가 어떤 일로 그에게 감사를 표한 적이 있는가의 세 가지 요건으로 긍정적인 면을 기억하는 것이라고도 했다.

　그 사람은 누구를 사랑했을까. 자기 자신과 가족 외에 사랑했던 사람들은 누구였을까. 그가 살아서 행했던 말과 일, 마지막을 결정했던 마음, 그가 누구를 얼마나 사랑했는지는 길게 이야기할 필요가 없다. 사랑과 욕망을 구분하지 못하는, 자신과 가족만을 사랑하는 사람들이 전면에 서 있는 지금과 달리, 그때 그가 사랑한 사람은, 국가는 국민을 위해 존재하고 국가가 자신을 보호해줄 거라 생각하는 순진한 다수의 국민이었을 것이다.

그 사람은 누구에게 사랑을 받았는가. 살아생전 그에게 온갖 저주의 말을 퍼부은 사람들, 모든 일을 그의 탓으로 돌리고 야유하고 조롱하고, 심지어 그에게 죄를 뒤집어씌워 죽음에 이르게까지 한 사람들. 그들은 대부분 권력을 가진 사람들이고 그 권력을 이용하는 데 서슴지 않았던 사람들이다. 언론은 그 권력을 보호하고, 자신의 이익을 위해 본분을 망각하고 앞장서서 칼춤을 췄다. 그러나 우리같이 힘없는 사람들은 조용히 그를 사랑했고, 사랑한다. 그러니 외로워하지 않을 거라 믿는다. 외로워 마시라고 말하고 싶다.

> **왜 그리 칭찬과 감사에 인색했던가……
> 미안하다, 죄송하다, 감사하다**

누군가가 어떤 일로 그에게 감사를 표했을까. 개인적으로는 언제나 원통하고 미안하고 자책하는 일이다. 잘한 일에 박수와 격려와 감사를 표했어야 할 시점에 언제나 냉정한 관찰자의 시각으로 보려 했던 것. 그것이 합리적인 지지자의 더 나은 태도라 여긴 것. 왜 그리 칭찬과 감사에 인색했던가, 지금이라도 미안하다, 죄송하다 사죄하고 싶지만, 감사함을 표한 많은 사람들이 있었을 것이다. 그에게 감사할 일이 얼마나 많은지 새삼 깨닫고 뒤늦게 감사하고 있는 사람들도 많을 것이다.

그의 자산과 부채, 그의 뜻에 대해 서로 다른 해석과 의미를 내세우며 결국 편이 갈리고 싸움이 계속되는 현실이지만, 죽음의 비참함과 비애와 그를 잊지 않겠다는 의지, 차마 잊지 못하는, 잊을 수 없는 그날의 기억까지 접어두고 순수하게 그를 애도하고 싶다.

당신이 사랑했던, 당신을 사랑하는 사람들이…… 당신에게 감사합니다.

지금은 그들에게
칼을 겨눌 때

시내 큰 건물 뒤를 돌다가 새로 건물을 짓기 위해 땅을 고르는 것을 보았다. 네모난 땅 구석 편에 커다란 나무가 한 그루 서 있고, 그 나무를 없애기 위해 굴착기를 가동하고 있었다. 뿌리까지 캐내기 힘들면 차라리 톱으로 베어내면 좋으련만 굴착기의 날로 나무의 몸통을 쳐내는데, 날에 찍힌 나무는 온통 상처투성이고 껍질이 벗겨져 허옇게 속살을 드러냈다.

〈붉은 수수밭〉이란 영화에서 일본군이 중국인을 산 채로 껍질을 벗겨 죽이라고 명령을 내리던 장면이 떠올라 소름이 끼치고 가슴이 아파 애써 외면하고는 서둘러 그 골목을 빠져나왔다. 하지만 한동안 나무의 고통스런 모습이 눈앞을 떠나지 않았다. 보이지 않아도 피가 흐르는 듯하고 들리지 않아도 비명을 지르는 듯했다. 살아 있는 곰의 쓸개즙을 받아내고 고로쇠나무의 몸통에 구멍을 내서 대롱을 박아 똑똑 떨어지는 수액을 받아내는 광경처럼 끔찍했다.

원래부터 몇 십 년 동안 그 자리를 지키던 나무는 다른 자리로 옮겨 심어지는 대신 사람들의 편의대로 굴착기에 찍혀 잔인한 죽임을 당하면서 들리지 않는 소리로 외쳤을지 모른다. 살려달라고. 사람들의 눈을 피해가며 산에 있는 열매나 뿌리로 연명하던 곰은 자신에게 무슨 일이 벌어지고 있는지도 모른 채 구멍 난 몸에 연결된 호스와 발목에 채워진 쇠고랑을 보며 굴속에서 기다리고 있을 새끼들을 걱정했을지도 모른다. 불로장생을 꿈꾸는 이기적인 인간들이 나무마다 꽂아놓은 대롱을 통해 흘러나오는 것은 수액이 아니라 차라리 핏물 같다.

말 못하는 나무나 곰과는 달리 비명을 질러대는 사람들이 화염에 휩싸이는 장면이 텔레비전의 큰 화면에 비칠 때, 나는 이게 잠시 동안의 꿈이려니, 영화의 한 장면이려니 했다.

아…… 아, 용산!

만약 이것이 현실이라면 난간에 매달린 사람이 떨어질 것에 대비해 바닥에는 매트리스가 준비되었어야 하고, 바닥에 떨어진 사람들을 즉시 병원으로 옮기는 장면이 뒤따라야 했다. 안에 사람이 있다는 말이 들렸을 땐 즉각 작전 명령이 변경되었어야 했다. 생존권을 주장하는 겨우 몇 십 명의 보통 사람들이 항거하는 데 천6백 명의 경찰과 테러 진압 특공대가 투입되는 장면은 제작비 남아도는 영화사가 만드는 허접한 영화의 돈지랄하는 장면이어야 했고, 플라스틱 망루에 쇳덩어리 컨테이너가 내려앉고 물대포를 쏘는 광경은 싸구려 범죄영화의 엉성한 결말이어야 했다.

최소한의 진압 매뉴얼조차 무시한 채 작정하고 시작한 살육의 현장에서 '겨우' 여섯 명의 목숨만 앗아갔으니 양이 덜 찼을 것이다. 그러니 그 경황에도 나머지 사람들을 구속하고 추모 시민들에게 물대포를 쐈을 것이다. 이미 알아볼 수 없을 정도로 훼손된 시신을 유족의 허락도 없이 마음대로 부검한 건 반역도에게나 행하던 부관참시라도 되는 것인가.

한 명의 경찰관을 포함한 여섯 명의 희생은 당사자들의 죽음으로 끝나지 않는다. 가족 중 누구 하나가 살해당하거나 참사를 당했을 때 남은 가족들은 평생 죄책감을 갖고 산다. 그날 마중을 나갔더라면, 나가지 말라고 말렸더라면, 그때 이랬더라면, 아니 저랬더라면…… 처음엔 가족들도 분노하고, 항의하고, 슬퍼하느라 자신들의 상처를 살필 겨를이 없을 것이다. 적절한 보상으로 이 문제가 무마되고 국민들의 관심에서 벗어난다고 해서 가족들이 이젠 끝났다며 두 발 뻗고 잠 잘 수 있을까. 그냥 굶어 죽더라도 보상금 받고 나가자고 할걸, 망루에 올라간다고 할 때 말릴걸, 내가 대신 올라갈걸…… 후회할 일뿐일 것이다.

'죽은 사람은 죽은 사람이다'라는 말은 산 사람들이 자신을 연민하거나, 죽은 자들은 그래도 편할 거라며 위안 삼아 하는 말이다. 병들어서 죽거나 피하지 못할 급작스런 사고로 죽었을 때는 그렇게 말할 수도 있다. 가족을 살리겠다고 죽지 않기 위해 싸우러 간 내 남편, 아버지, 자식이 형체도 알아볼 수 없게 불에 타서 죽은 걸 보고는 절대 그렇게 말할 수 없다. 얼마나 아팠을까, 얼마나 무서웠을까. 평생 꿈속에서 불붙어 팔딱팔딱 뛰며 고통스러워하는 형상과 부검으로 난도질당해 너덜너덜해진 모습으로 나타나 괴로울 것이다. 차라리 내가 죽고 말지 하면서 남은 가족들 또한 고통 속에서 살게 될 것이다. 그나마 내 남편, 아버지, 자식들을 죽게 한 책임자가 처벌을 받고, 그들이 그렇게 바라고 그것을 위해 목숨까지 바쳤던 일들이 한 발짝이라도 앞으로 나아간다면, 내 남편, 아버지, 자식의 죽음이 헛되지 않았구나 하며 작은 위안은 될 것이다.

그러나 타인의 상처 따윈 생각할 필요조차 없다고 여기는 사람들, 타인의 주검을 밟고서라도 출세하고 싶은 자들은 그들을 '도심의 테러

> 아, 아, 용산!
> 그들의 죽음이
> 헛되지 않을 때 그나마
> 우리의 상처는
> 빨리 회복될 것이다

리스트', '정부 전복을 꾀하는 폭력투쟁 단체'라며 간단하게 정의하고, 그 말이 많은 사람들에게 영향을 미치는 것에 회심의 미소를 짓는다. 위로해주기를 기대했던 대통령은 그들의 죽음을 모욕했다. 최소한의 예의마저도 갖추지 않았다. 입술에 침이라도 바르고 위로의 말 한마디쯤은 할 줄 알았다.

소중한 국민의 생명이 처참하게 죽어나가는 걸 보고도 불법 운운하는 것은 국민 따위는 안중에 없다는 이야기이고, 강부자를 제외한 서민과 빈민들은 그에게 다섯 명이든 오백 명이든 죽어나가도 상관없다는 이야기다. 이명박 대통령, 원세훈 행정안전부장관, 오세훈 서울시장 등 누구 하나 책임지지 않았고, 국민의 여론과 시민단체 등의 압력에 밀려 자진 사퇴했던 김석기 경찰청장조차 얼마 지나지 않아 일본 총영사로 영전했다. 그런데 가족을 잃고 부상을 당한 철거민들은 감옥에 있다. 건설재벌 CEO가 대통령인 나라에서 철거민은 불도저가 가는 길에 걸리적거리는 방해물밖에 안 되는 것이다.

동물은 자신의 생명이 위협받을 때와 배가 고플 때 외엔 공격하지 않는다. 잉여 재산을 축적하거나 즐기기 위해 다른 동물을 공격하지 않는다. 그들은 동물보다도 짐승보다도 못함을 보여주었다. 그들은 남아 있는 우리에게도 커다란 상처를 남겼다.

그 상처를 최소화해야 한다. 그들의 죽음이 헛되지 않을 때 그나마 남은 가족들과 우리의 상처는 빨리 회복될 것이다. 그들의 손에서 칼을 뺏어오는 수밖에 없다. 정신없이 휘둘러대는 칼의 손잡이를 거꾸로 잡아 그들을 향해 겨눌 수밖에 없다. 뺏을 수 없으면 종이로라도 칼을 만들어야 한다. 얇은 종이 한 장도 손이 베일 정도로 날카로울 수 있고, 두껍게 겹쳐 붙인 종이는 바위와 같은 무게와 힘을 내기도 한다. 마음속에 켜져 있던 촛불 대신 얇고 빳빳한 종이로라도 날이 선 칼을 접기 시작할 때다.

그리고 지금은 그 차가운 칼끝을 그들을 향해 겨눌 때다.

어느 청년의 편지

엄마아빠.

아니, 또 아빠가 섭섭해하실 테니, 아빠엄마라고 부를게요. 아빠엄마, 울지 마세요. 내가 죽은 것보다 아빠엄마가 슬퍼하시는 것이 더 슬퍼요. 죽은 사람에겐 죽음의 원인이 무엇이든 죽음은 똑같아요. 암초에 걸렸든, 어뢰에 부딪혔든, 피로 파괴였든…… 내가 이 세상에 없다는 것, 수많은 계획과 꿈과 바람을 모두 접어야 한다는 것, 그리고 내가 곧 잊혀질 거라는 것.

아빠엄마.

빽이 없어서, 능력 없는 부모라서 군대에 보내 나를 잃었다고 생각하지 마세요. 해군에 지원할 때 말리지 못한 것을 후회하지 마세요. 아빠엄마가 말리셨더라도 난 해군이 됐을 것이고, 대한의 남자로 군인임을 자랑스러워했을 테니까요. 지금 고백하자면 해군 제복이 뽀대가, 아니 폼 나 보인 게 이유 중 하나였어요. 간지, 엣지, 폼생폼사란 단어가 애국심이나 소명감보다 더 끌리는 나이였고, 이왕이면 멋진 군인이 되고 싶었어요.

철없다 생각하시겠지만, 맞아요. 우린 아직 철없는 나이이고, 짜장면보단 피자와 햄버거가 그립고, 쉬는 시간이면 컴퓨터 게임이 하고 싶은 나이였어요. 그래도 군대 가지 않은 연예인이나 일부 계층을 보면 거부감이 먼저 들었고, 나 자신한테 떳떳하기 위해서라도 군대는 꼭 가야 한다고 생각했어요. 그리고 우리나라 같은 상황에선 징병은 필수라고 생각했으니 나름 건전한 젊은이였어요. 아빠도 그 점은 기특해하셨잖아요. 내게 부족했던 점은 불합리한 것에 의문을 갖지 않고, 인생의 선배들이 만들어놓은 길로만 따라가는 게 옳다고 생각한 거였어요.

아빠엄마.

그만 눈물을 닦으세요. 죽을 때에야 철든다더니, 난 죽고 나서야 철이 든 것 같아요. 그동안 알았던 사실이 진실이 아니라는 걸 이제야 깨달았어요. 언제나 나를 걱정해주던 친구가 빌려준 책에서 본 "잘못된 정치인들은 선과 악을 가리지 않아, 득이 크면 무조건 하는 거야. 그런데 많은 경우 그 득은 정치를 하는 사람들한테만 나누어지고, 국민이나 국가에까지는 안 돌아가는 경우가 많아"*라는 글귀를 이해하지 못했어요. 정치인은 국가와 국민을 위해 존재한다는 순진하면서 확고한 생각을 하고 있었고, 아빠가 그렇게 나를 키우신 탓도 있어요. 국가는, 대통령은, 정치인은 국민을 위해 존재한다는 사실을 한 치도 의심하지 않고 믿으셨죠. 아빠엄마는요……

대통령 선거 때도 확신에 찬 한 표를 던지셨고, 촛불시위나 용산참사 때도 빨갱이들의 소행이라고 말씀하신 걸 나 또한 의심치 않았어요. 잃어버린 10년을 되찾아 국민 모두 잘사는 나라가 될 거라고 생각하면서, 아빠엄마의 바람대로 난 '강한 것이 선이고 강한 것이 아름답다'고 믿는 바람직한 청년으로 자랐지만, 지금 와서 생각하니 모든 것이 틀렸어요.

아빠엄마.

아빠엄마도 아시다시피 난 모범생이었어요. 엘리트가 되고 싶었고 또 되리라 의심치 않았어요. 하얀 제복을 입은 해군 출신의 엘리트 사회인을 꿈꿨어요. 영화 〈어 퓨 굿맨〉에 나온 톰 크루즈처럼 멋진 제복을 입고, 불의를 파헤치고, 멋진 여자와 연애를 하는 엘리트 청년. 때론 우익을 자처하는 사람들의 몰지각한 행동에 눈살을 찌푸리기도

---

*
장정일, 『구월의 이틀』, 랜덤하우스코리아, 2009, 121쪽

하면서, 엘리트로서의 비판력과 중도적인 판단에 내 스스로 만족하기도 했어요. 그런데 이젠 뒤늦게 알아버렸어요.

> 엘리트는 '강자의 이익'이 바로 세상의 진리라는 것을 알고 난 뒤에 '강자의 이익'을 항상 정의로 포장할 줄 아는 법을 터득해야 하고, 대중에게는 세상에는 진리가 없다는 사실을 숨긴 채 세상은 위대한 도덕의 힘으로 유지되는 것……

이렇게 멋진 말은 내 생각이 아니라 아까 그 친구가 빌려준 장정일의 책에 나오는 말이에요. 이 친구도, 장정일도 아빠엄마가 싫어하는 성향이지만, 이젠 좋아하시게 될 거예요.

아빠엄마.
지금 내가 슬프고 서운한 건 단지 죽었다는 사실이 아니라 이 세상에서, 이 나라에서 버림받았다는 거예요. 나라를 지키기 위해, 내 임무를 다하는 중에 죽었다면, 아직 새파란 청춘이 아깝긴 하겠지만 이렇게 억울하고 원망스럽진 않을 거예요. 그들은 우리를 버렸고(버림받은 거 맞잖아요!?), 우리의 생명 대신 그들은 이익을 취하려고 해요. 그런 그들에게 표를 주고, 그들이 국민을 지켜주리라 믿고, 그들이 나를 구해주리라 기다린 게 잘못이 아니었다고 누군가 말해주길 바라는데, 아무도 그렇게 말해줄 사람이 없을 거라는 생각이 비감하고 억울해요.

내 목숨이 그 정도밖에 안 됐을까요? 자식 잃은 아빠엄마의 단장 찢어지는 아픔과 슬픔이 그 정도 가치밖에 없을까요? 이제야 깨달은 건 우리 군인들은 개인의 생명이 아니라 소모품에 불과하다는 거예요. 코 닦고 휴지통에 버린 휴지처럼, 잉크가 얼마 남지 않은 볼펜처럼, 그들에겐 우리의 생명이 소모품에 불과했던 거죠. 그런 하찮은 소모품을 국가가 지켜주리라 생각했던 내가 바보였어요. 아빠엄마도 바보였어요. 국민 모두가 바보였어요.

아빠엄마.

엄마아빠…… 울지 마세요. 눈물을 닦고 내가 왜 죽었는지, 죽어야 했는지, 진실을 밝혀주세요. 그리고 그 진실을 알려주세요. 이제 피어나기 시작한 꽃봉오리를 왜 접어야 하는지, 내가 왜 지금 이 차가운 물속에 있어야 하는지. 그들이 흘리는 악어의 눈물의 의미를 알려주세요. 울지 마세요. 눈물을 닦으세요. 아빠엄마의 눈물은 내 가슴을 찢어요. 차라리 화를 내세요. 아빠엄마의 소중한 자식이 왜 이렇게 가치 없는 죽음을 맞아야 하는지, 분노하세요. 스스로 병역의무를 기피하고 자식들도 군대에 보내지 않는 정치인과 지도층이란 사람들에게 그들의 생명과 우리의 생명의 가치가 뭐가 다른지 물어보세요. 부모 세대의 빚을 우리 세대가 대신 갚고 있는 게 아니냐고도 물어보세요.

언제나 소녀 같았던 엄마, 그래서 비판적인 생각이나 반항 같은 건 생각조차 못했던, 또 그래서 사랑스러워 보이기도 했던 엄마가 즐겨 읽으시던 보들레르의 시 한 편이 다른 의미가 되어 컴컴한 이곳에서 글자 하나하나 기포로 떠올라요. 아아, 이젠 엄마의 그 사랑스러움을 벗으세요.

······그대들은 둘 다 컴컴하고 조심스럽다.
인간이여, 아무도 그대 심연의 밑바닥 헤아릴 길 없고
오 바다여, 아무도 네 은밀한 보화를 아는 이 없기에
그토록 악착같이 그대들은 비밀을 지킨다······

• 보들레르, 「인간과 바다」 중에서

아, 아, 제발 울지 마세요······
아빠엄마, 엄마아빠, 사랑해요······

눈물은 짜고 꽃게는 달다

아파트 입구에 서 있던 소래포구 꽃게라고 써 붙인 트럭에서 커다란 꽃게 2킬로그램을 샀다. 솥에 올리고 텔레비전을 켜니 기륭전자 비정규직 문제에 관한 방송이 나온다. 전자 직종이라 그런지 여성 근로자들인데 아마 비정규직 대부분이 여성일 것이다. 어설픈 구호, 엉성한 몸짓이 더 절실하게 다가온다. 두 살, 세 살 된 어린 자식들을 방에 가둬놓고 일하러 다녔다는 이야기에 가슴에서 뜨거운 게 올라온다. 라면 공장에서 일할 때 종일 라면과 씨름하는데 점심이 라면이고 저녁은 우유와 삶은 달걀이어서 지금도 삶은 달걀이 싫다는 대목에선 가슴이 아프다.

　며칠 전에 남편과 나눈 이야기가 떠올랐다. "우리 같은 사람들은 (이른바 먹물들은) 아무리 진보가 어떻고 소수 약자가 어쩌고 해도 태생적인 한계가 있다. 그들이 겪은 고생, 고통이 체화되지 않았기 때문에 위급한 순간에는 뒤로 물러선다."

　나도 고개를 끄덕이며 인정했다. 그나마 세상이 좋아져서 글로라도 떠들지만, 통신감청이 합법화되고 인터넷 검열이 더 강화되는 지금의 속도로 가다 보면 공포정치, 경찰정치 시대가 되어 나처럼 가족이기주의, 개인주의에 오랫동안 함몰되어 있던 사람은 원고료도 없는 위험한 글을 쓰는 것이 쉽지 않을 것이다. 결국 몸에 기름을 붓고 불을 댕기는 사람은 노동자이고, 구호를 외치며 고층에서 떨어지는 사람도 노동자일 것이다.

　또 다른 기륭전자 직원 한 명이 말한다. "젊었을 때 나이 들어서 집 없이 사는 사람들을 보면 얼마나 게으르게 살았기에 집 한 칸도 없나 비웃었는데, 살아보니 세상이 그렇더라…… 일을 잘못했다고 버러지 보는 듯한 표정으로 퍼붓는 욕을 먹고 하루 종일 울고 다음 날 다시 일하러 나갔다."

　정규직 직원들에 비해 훨씬 적은 월급을 받고 언제 잘릴지 모르는 두려움을 안고 사는 비정규직, 그들이 받는 차별대우에 대해 노동부 관계자가 한 말은 뼈가 시리다. "원청회사는 노동자에 대한 책임은 없고 부릴 수 있는 권리만 있으며, 노동자는 일할 의무만 있다. 이런 경우는 노동자가 아니라 노예이다."

힘든 노동 때문이 아니라 비인간적인 대우와 나아질 것 없는 미래에 얼마나 절망했으면 한 달만 못 벌어도 당장 생계가 어려운 사람들이 3년을 싸우고 있을까.

내가 돈 받으며 했던 노동은 독일에서 방학 때 아르바이트로 잠깐씩 해본 게 전부다. 아직 말도 제대로 못하던 랭귀지 코스 첫 방학에 같은 반 아이의 소개로 거의 반 전체가 한꺼번에 아르바이트를 하게 됐다. 지금 생각해보면 하청공장이었는지도 모르지만 규모가 꽤 큰 자동차부품 공장이었고, 레일 위로 실려 오는 사과만 한 부속품 어딘가를 들여다보는 게 일의 전부였다. 그 부속품 하나의 무게도 만만치 않은데 쇠로 된 박스를 무릎에 놓고 그 부속품을 차곡차곡 담아 불끈 들어 옮기는 서양 여자들의 괴력에 놀라면서 더듬거리는 독일어로 그럭저럭 재미있게 지냈다.

일주일쯤 됐을 때 체격 좋은 중년의 노신사가 순시를 도는데 사장님이라고 했다. 좀 있다가 공장장인 듯한 사람이 다가와 사장님이 부른다고 해서 얼떨결에 쫓아갔는데 눈치를 보아하니 나를 다른 곳에 옮기라는 말이 오간 듯하고, 그래서 내가 간 곳은 임산부를 위한 방이었다. 수십 명의 아르바이트생 중에 몇 안 되는 동양 여자, 그중에 생머리 단발의 동양 여자는 그들 눈에 어린 중학생처럼 보였을 테니, 쉬운 일을 시켜주고 싶은 배려였던 것이다.

노동으로 미래를 꿈꾸는 사회, 우리에겐 불가능한 미래인가?

당시로서는 임산부 노동자를 위한 방이라는 건 상상도 못했던 터라 내가 거기서 뭘 해야 하는지 어리둥절했다. 뜨개질을 하던 임산부가 쉬운 독일말로 설명해주는데, 임신 중인 자기에게 무슨 일이 생길지 몰라 지켜보는 역할이니 그냥 함께 있어주기만 하면 된다고 했다. 가끔 쉬운 일거리를 가져와서 하는 것도 같았지만, 그녀가 매일 하는 일이라곤 태어날 아기 옷 뜨개질, 간간이 놀러 오는 친구들이나 유리창 너머로 얼굴 들이미는 신랑과 잡담하는 게 전부였고, 그녀 옆에서 내가 하는 일은 책을 읽으며 지루한 시간을 보내는 게 고작이었다.

그런데도 당시 일당이 백 마르크쯤 됐으니, 매일 나가 놀다시피 하면서도 어지간한 월급쟁이만큼 번 셈이었다. 당연히 나는 다른 동료들의 질투와 선망의 대상이 되었고, 한국 학생들 사이에서도 화제가 되었는데, 그때는 나 혼자 특별대우 받는다는 사실에 우쭐할 뿐이었다. 그 당시 우리나라 같았으면 임신하면 스스로 알아서 그만둬야 했을지도 모르는데, 독일은 노동자를 위한 복지제도가 워낙 잘 갖춰져 있다 보니 월급 받으며 놀고, 충분한 휴가까지 받았던 것이다. 이것이 내가 독일에서 경험한 첫 노동이었다. 25년 전 일이다.

그다음에는 세탁공장에서 일했는데, 같이 어울리는 여자들이 점심시간만 되면 여행사 책자를 꺼내놓고 올 여름에는 어디로 휴가 갈지 계획을 짜느라 시끌벅적했다. 당시 독일은 제2차 세계대전 이후 부족한 노동력을 외국인 노동자로 대체하면서 요즘 우리나라처럼 힘든 육체노동이나 3D 업종의 대부분을 터키 사람들이 대신했는데, 외국인 노동자들도 이탈리아, 스페인 등지로 휴가 갈 계획을 세울 수 있는 노동현장이 놀라웠다. 노동으로 미래를 꿈꿀 수 있는 사회를 목격했다고나 할까.

지금 우리의 노동현장을 훨씬 선진적인 복지제도를 운영하는 독일의 현장과 비교하는 것은 당연히 무리가 있고, 대기업이 아닌 중소기업의 경우 어려움도 적지 않을 것이다. 대기업의 하청회사에 대한 횡포를 막을 보호 장치도 없고 중소기업을 위한 정책도 부족한 상태에서 노동자들을 선진국 수준으로 대우하라는 건 기업하는 사람에겐 이중고일 수도 있다.

그런 이유로 노동자들이 정당한 처우를 주장하면 현장에 있는 기업 간부들은 무조건 노조 때문에 회사가 망한다며 반발한다. 하지만 흑자를 내는 대기업에서도 인간적인 대우를 바라는 노동자들의 외침에 귀를 기울이지 않기는 마찬가지다. 그리고 곰곰이 생각해보면 비인간적인 처우를 개선하라는 그들의 바람이 과연 회사를 말아먹는 짓인가에 대해서도 회의적이다.

자본주의 사회에서는 누구든지 돈을 벌려 하고 돈이 최고의 가치다. 하지만 임금을 줄이기 위해 삼 개월, 육 개월 사이에 노동자들을 갈아치우면서 "노동의 질보다 양이다"라고 주장하는 건 건강한 기업정신이 아니다. "다수를 위한 소수의 희생이다. 경쟁력을 키우기 위해선 어쩔 수 없는 자본주의의 법칙이다. 80퍼센트가 아닌 100퍼센트를 가지려는 노동자들의 욕심이다"라고 말하는 사람도 있다. 기업의 구조를 잘 모르면서 하는 내 이야기는 감정적일 수 있다. 하지만 다수를 위한 소수의 희생이라니 그것이 착취가 아니면 무엇인가? 노동자들이 요구하는 게 과연 100퍼센트인가?

기업으로 떼돈을 벌겠다는 발상 자체도 무리가 있다. 이익금의 많은 부분은 새로운 투자와 개발, 노동자들의 복지와 처우 개선에 쓰여야 하는데, 정치인 뒷돈에 문어발식 확장, 부동산 투기 등 편법으로 기업을 경영하면서 손해는 온전히 노동자의 몫으로 돌리는 경우가 너무나 빈번하다. 노동자를 기계의 부속품이나 노예처럼 보지 않는 기업인의 기본적인 마인드와 그에 따른 적절한 처우 개선과 복지, 나누어가며 더불어 사는 사회가 말처럼 쉽지 않다는 것을 안다.

하지만 노동자를 수단으로 생각하지 않고 기업의 윤리·사회적인 역할을 고려한다면, 기계 하나 없애듯 쉽게 해고하지는 않을 것이고, 기륭전자, 쌍용자동차, 한진중공업 사태가 일어나지도 않았을 것이다. 쌍용자동차 해고 노동자와 그 가족들이 생활고와 정신적인 스트레스에 시달리고 자살자와 사망자가 계속 늘어가는 걸 보면, "해고

**기륭전자, 쌍용자동차, 한진중공업 사태……
"해고는 살인이다"**

는 살인이다"라는 말이 맞다. 언론에선 "노조가 유망한 중소기업 말아먹는다. 정치 세력이 개입됐다"고 하고, 보수 진영에선 빨갱이, 종북 좌파 세력의 선동이라고 한다. 정부는 기업 편에 서서 시위하는 노동자들을 무력으로 진압한다. "일하게 해달라", "정당한 대우를 해달라"는 요구로 단식을 하고, 일 년 넘게 크레인에서 살고, 생계를 미루고 파업을 하는데, 경찰도 모자라서 용역까지 투입해 수많은 희생자를 낸다. 그리고 나서 경찰청은 쌍용자동차 파업 진압을 우수 사례로 소개하는 뻔뻔스러움을 보인다. 진압을 지휘한 조현오 경찰청장이 진압 작전은 대통령의 승인을 받았다는 사실을 나중에 밝혔지만 지금까지 아무도 그들의 죽음에 책임을 지는 사람이 없다.

늦었지만 촛불집회를 계기로 사람들은 비정규직 문제에 눈을 돌리게 되었고, 예전엔 노사 간의 일일 뿐이라며 관심 없던 일반인들이 쌍용자동차 해고 노동자와 가족들을 위한 심리치유 프로젝트 '와락'에 힘을 모으고, 한진중공업 사태 때엔 수많은 희망버스가 부산으로 달려갔다. 태생적 한계를 지닌 사람들은 몇 년씩 투쟁할 수 없고 단식도 길게 못하지만, 이제 후원금을 내고 그들 편에 서서 목소리 하나씩 보태준다. 그들의 이야기에 귀를 기울이고, 힘내라 기를 불어넣는다.

꽃게는 빨갛게 익었고, 커다란 접시에 담겨 식탁 위에 올려졌다. 등껍질을 떼어내고 가위로 집게다리를 자르고 냉장고에서 맥주 한 병을 꺼내 뚜껑을 딴다.

텔레비전 화면엔 단식 94일 만에 병원에 실려 갔던 기륭전자 분회장의 뼈만 남은 모습이 나타났다. 최소한의 인간의 권리와 행복, 노동자로서의 자존감을 인정받기 원해 석 달 이상 굶은 모습이다. 분회장 단식을 마치게 하기 위해 음식을 차려놓고 일부러 맛있게 먹는 직원들을 보며 "음식 냄새 좋다"라고 힘없이 말하는 미라 같은 그녀를 보며 나도 모르게 눈물이 흘러내렸다.

눈물은 흐르는데 내 한쪽 손에는 맥주가, 다른 한쪽 손에는 살이 꽉 찬 게다리가 쥐어져 있다. 마음이 아프면서도 소래포구 꽃게가 아주 맛있다는 걸 느낀다.

눈물은 짜고 꽃게는 달다. 태생적 한계인가.

바보와 국가

 끝까지 볼 생각은 아니었다. 몇 년 만의 편안한 휴일. 최대한 느긋하고 즐겁게 보내기 위해 리모컨을 돌리다가 우연히 걸려든 것이다.
 며칠 전 사업장을 마지막으로 정리하던 날, 짐 실을 차를 기다리면서 창틀에 걸터앉아 우연히 아래를 내려다보니 누런 점퍼에 담배를 문 중년 남자가 쓰레기 더미를 뒤지고 있었다. 저렇게 헤집어놓으면 경비 아저씨가 싫어할 텐데 하며 무심히 바라보는데, 한참을 뒤진 후 휘적휘적 가더니 리어카를 끌고 와 박스 몇 개와 플라스틱 병들을 담을 때에야 그가 고물상인 걸 알았다. 십 분 후쯤 내 또래의 아줌마가 다시 쓰레기 더미를 뒤지기 시작할 때는 벌써 가져갔다고 소리쳐주고 싶었다.

아파트에선 보기 힘든 광경이고, 말로만 듣던 고물상을 처음 본 터라 그날의 기억이 선명해서 〈고물상의 72시간〉이란 프로그램에 나도 모르게 채널을 고정하게 되었다.

개그우먼 김미화의 내레이션으로 화면은 더욱 친밀하게 다가왔다. 청각장애와 언어장애를 가진 두 아들을 보살피기 위해 폐품을 줍는 꼬부랑 할머니는 아들들과 오순도순 이야기하며 사는 게 소원이고, 끼니를 건너뛰며 이천 원, 삼천 원을 받아가는 젊은 할머니는 부모 없는 손자에게 준비물 하나라도 사주기 위해 밤늦게까지 일하면서도 웃는 얼굴에 복이 오지 않느냐며 웃음을 잃지 않는다.

> 스스로 불행하다 여기지 않으면 그만인가?
> 그래 봤자 돌아오는 건 더욱 힘들어진 삶의 무게뿐

부인을 잃고 같이하던 일을 혼자 하는 중년 남자, 요새는 큰 아파트만 짓고 집을 안 지으니 원래 하던 일을 할 수 없어 헌책을 모아 팔러 다니는 전직 목수, 자기 소유의 고물상을 갖는 꿈으로 열심히 폐품을 수집하는 청년 등 굽이굽이 곡절 많은 사연들이다. 경기가 나빠져 가져올 수 있는 폐품도 줄고 가격까지 형편없이 내려 돈을 주는 고물상 주인들도 미안해한다.

담담하게 보다가 족히 백 살은 되어 보이는 파파 할머니가 유모차에 싣고 온 박스 옆에서 어제 종일 설탕물밖에 못 먹었다며 고물상 주인이 주는 요구르트를 구멍이 나도록 쪽쪽 빠는 모습에서는 그만 눈물이 나고 말았다. 그 장면을 찍는 피디도 훌쩍거리며 눈물을 흘린다.

프로그램의 성격이 어떤 직업 군상의 모습만 자세하게 보여주는 것에 그치는 것인지, 빈민을 위한 정책이나 정치에 관한 이야기는 한 마디도 나오지 않았지만, 전문 학자나 정부 관료가 나와서 떠드는 어떤 토론 프로그램보다 더 많은 생각을 하게 했다.

나오는 사람들 역시 정부에 대한 불만도, 사회에 대한 불만도 없다. 부자가 되고 싶으냐는 물음에 밥 먹고 남에게 아쉬운 소리 안 하고 사는 게 바람이라 대답하고, 그런 삶에 당당해했다. 편히 손자 돌볼 나이에 쓰레기 더미를 뒤지면서 하루 몇 천 원씩 모은 돈 천만 원을 기부하는 할머니와, 죽어서 사회에 기부하기 위해 일을 한다는 또 다른 할머니, 다 좋다. 스스로 불행하다고 여기지 않으면 되는 것이다. 세계에서 행복지수가 가장 높은 나라 중 하나가 방글라데시라고 하지 않던가.

그런데 그들이 세상을 떠난 후에 장애를 가진 자식들과 부모 없는 손자들의 미래는 어찌 될 것인지, 먹을 게 없어서 종일 설탕물만 먹었다는 노인은 단지 개인적인 문제로 외면할 것인지, 물어보고 싶다.

벌써부터 부자들을 위한 감세정책으로 복지예산이 줄어들어 어려운 사람들이 더욱 어려운 지경에 이르렀다. 여기저기에서 돈을 팡팡 써가며 자기들끼리의 축제에 샴페인을 터뜨릴 때마다 빈민들의 삶은 더욱 피폐해지고 있다. 종일 일하고도 돼지고기 한 근을 살 수 없는 사람들은 못 배우고 게으르고 지지리도 복이 없는 사람들인가.

세상 사람들이 다 똑같이 살 순 없다. 더 풍요롭게 사는 사람이 있고, 더 힘겹게 사는 사람도 있다. 아무리 잘사는 나라에서도 빈부의 차이는 있기 마련이고, 뉴욕에도 파리에도 베를린 중심가에도 노숙자는 있다. 하지만 최소한의 사회적인 안전망이 있고 정부는 안전망을 구축하기 위해 힘쓴다.

끼니를 거르는 아이들의 점심값까지 줄여가며 상위 2퍼센트만을 위한 정치를 하는 나라. 정치를 떠나 너무나 비인간적이다. 그렇다, 비인간적이다. 차라리 담을 넘고 칼을 든 도둑, 강도들이 더 인간적이다. 그들은 최소한 겨우 한 끼 때우기 위해 들고 있는 숟가락을 빼앗아가는 짓은 하지 않을 테니 말이다. 그 형편에 웃는 얼굴에 복이 온다며 실실거리며 웃는 사람, 무엇이 자신들을 위한 정책인지도 모르고 그런 삶을 자신의 몫이라고 생각하는 사람, 밥만 먹고 살면 행복할 것 같다는 사람, 힘들게 모은 돈을 사회에 기부하겠다는 사람이 바보일 것이다. 2퍼센트 당신들에겐.

눈물이 난다. '바보' 같은 사람들에게 그러지 말라고 소리치고 싶다. 웃어봤자 당신에게 돌아오는 건, 복이 아니라 더욱 힘들어지는 삶의 무게일 뿐이라고. 사회에 기부 따위는 생각하지도 말고 돼지고기도 사 먹고 길거리에서 파는 오천 원짜리 화려한 블라우스도 사 입으라고.

비인간적인 그들에게도 외치고 싶다. 합법적으로, 비합법적으로, 앞으로, 뒤로 법을 바꾸고 새로 만들어서라도 그렇게 빼앗아가고 싶으냐고. 바보 같은 그들을 이용하는 삶이 그렇게 달콤하냐고.

복지 보건 관련 예산이 늘어났다는 정부의 발표는 눈 가리며 아웅하는 것이다. 국민연금 급여 지출, 건강보험 재정 부담금, 기초 노령연금 모두 기존 제도의 확대에 따른 자연 증가분일 뿐이고, 복지 지출 증가분을 계속 억제하면서 보육, 여성, 가족 부문과 노인, 청소년, 취약 계층의 예산 증가율은 크게 떨어졌다.

> 지나친 복지로 나라가 망한다고?
> 실상은 복지 부재로 망하는 것이다

그토록 강성했던 로마가 멸망한 직접적인 원인은 권력층의 부패와 수탈, 복지 부재로 인한 인구 감소, 병역 기피 등에 있다고 한다. 무상 급식을 반대하던 오세훈 시장과 정부는 지나친 복지로 나라가 망한다고 하지만, 실상은 복지 부재로 인해 망하는 것이다. 빈민, 장애인, 노인에 대한 복지예산을 형편없이 줄여 도로 건설, 조경, 청계천, 4대강 사업, 잦은 행사 등 눈에 띄는 선심성 전시행정 예산은 늘리니, 국민의 삶은 날로 어려워지고, 라면 하나 사 먹으려고 폐지를 줍는 것이다.

새로 뽑은 박원순 서울시장이 오세훈 전 시장의 핵심 정책이었던 몇 개의 토목사업을 유보시키고 복지예산을 전년 대비 6천억 원 늘렸

다니 불행 중 다행, 서울 시민으로선 한숨 돌릴 일이다.

국민, 시민이 필요로 하는 건 일 년에 몇 백억 원씩이나 유지비가 드는 청계천, 어쩌다 모피 패션쇼나 하고 홍수 때 둥둥 떠다니는 새빛 둥둥 인공섬, 철따라 몇 번씩 심었다 뽑았다 하는 잔디 광장이 아니라, 서민들을 위한 임대주택, 반값등록금, 보육 서비스, 약자에 대한 사회적 안전망이다.

복지는 국민이 누려야 할 당연한 권리이고, 정부는 국민을 굶주림과 질병, 추위, 전쟁으로부터 보호해야 한다.

그것이 국가의 존재 이유다. 국민이 국가를 위해 존재하는 것이 아니라 국가가 국민을 위해 존재해야 한다.

대한민국 위대한 농부가
낮술 먹고 헷소리 좀 혔어

2003년도 농부

나? 내가 누구냐고?

배운 것도 가진 것도 없이 나이만 먹은 대한민국 무식한 농부여. 장날이라 종묘상에 갔다가 아는 사람 만나서 막걸리 몇 되 걸치고 아직 해도 한참인데 집에 가는 길이여~ 사람들 모이면 누구 집 소가 쌍둥이를 낳았네, 누가 딸을 여의었네…… 그런 말들로 시간을 보내다가 선거철 끝나니께 노무현이 이회창이는 쏙 들어가고 미국이 어쩌고 이라크가 어쩌고 그러는디 당최 알아무글 소리여야지.

나는 무식혀서 국내정세도 모르는 사람이라 세계정세는 언감생심이여~ 근디 이라크란 나라가 1980년에 이란하고 싸운 나라 아녀? 그때는 미국이 이라크 편이었고, 1987년 이라크가 쿠르드족에게 화학 무기를 썼을 때만 해도 미국이 입 꾹 다물고 있었는데 왜 그렇게 혔는지…… 나야 무식혀서 모르제.

이라크–쿠웨이트 분쟁 때도 처음엔 냅두는 척하다가 아이들 전자오락 같은 걸프전을 일으키고 그때부터 이라크에 경제 제재를 해서 이라크 어린이들을 발육장애로 만들었잖여. 9·11테러로 이라크를 칠 명분을 제대로 찾았다고 하는디 고거시 먼 소리여? 후세인과 빈 라덴의 연결 관계를 찾을라고~ 찾을라고 허다가 못 찾았담서? 그러고 나서는 이라크에 대량 살상무기가 있네~ 허다가 그것도 못 찾고잉~인자 막무가내로 후세인 끌어내리기에만 눈이 벌거니 도대체 왜 그런 건지 나는 무식혀서 모르겄는디……

이라크의 원유 매장량이 사우디아라비아 다음이고, 미국의 다섯 배나 된다 허고, 황 함유량도 적고, 유정이 지표면 가까이 있어서 채굴 단가도 훨씬 싸게 먹힌다니, 더더군다나 천연가스도 풍부하다니, 미국에서 보면 보물단지로 보이기는 허겄어.

그라제~ 개인 간이나 국가 간이나 다 자기 이익 챙기게 돼 있제. 중동 평화 유지? 웃기지 말라고 혀. 차라리 '시구지름'* 좀 나놔 쓰자

*
석유의 전라도 사투리

허는 것이 솔직허지. 나는 무식혀서 그런가…… 요리조리 꼬고 몇 바퀴 돌리는 짓은 못 허겄더라고……

어이~ 김센, 인자사 장에 간가? 어여 갔다 오소~ 뒷집 사는 갑장** 친구여.

근디 북한은 유전도 없는디 뭐 땜시 찍자를 붙이고 난리여? 남북한이 통일 좀 해보겠다는데 그렇게 꼽냐고~? 아…… 난 미국이 어디 붙어 있는지도 모르는 사람잉께 다른 것은 몰러. 그려도 작년에 북한에 기름 공급까지 끊어버린 것은 유식헌 말로, 인도적인 차원에서 너무했다고 봐, 나는. 제네바 협정까지 위반하면서 즈그 나라 발톱 정도밖에 안 되는 나라의 주민들 생명줄 끊어버리면 주그라는 소리제, 고거시. 후세인이나 김정일이 잘했다는 말은 아녀, 나는 시방.

1994년 이후에 2백만이 아사했다는디, 그런 북한이 그렇게 위협적인 존재인 것인지…… 나는 무식혀서 모르것당게.

글고 말여…… 미국에 사는 한국 사람들 북한을 공격하라는 둥, 쉽게들 말하는디 듣다 보면 섭하드라고! 미국하고 북한이 싸우면 그 싸움터는 어디여? 한국이여, 미국이 아니라 내가 살고 있는 이 땅이란 말여~ 죽는 사람도 여기 사는 우리고, 잿더미가 될 땅도 우리 집이 있는 이곳이란 말여. 그려 나는 무식혀서 내 걱정만 혀.

그래도 사람 이치나 국가 간의 이치나 비슷할 것인디 미국이 ICC

**
동갑이라는 뜻.

불처벌 협정을 친미 국가들에 공갈치면서 강요하는 거 보면 누가 깡패국가인지 헷갈린당께. 나는 진짜로 무식혀서 모르지만, 고것은 다른 나라에서 전쟁이 났을 경우 자국 군인들을 그 나라 법정에 넘겨주지 않으려는 속셈 아녀? 세계가 약속한 규정을 지 마음대로 어기고 약소국가 위협해 좌지우지하면서 세계평화 운운할 때는 조지 부신지, 부시맨인지 "아나 조지나 간빵~" 허고 싶당께. 말이 너무 심하다고? 긍께 말혔잖여. 나는 무식허다고~

막걸리도 술이라고 올라오네. 집도 가까워 오니께 술이 좀 깨야 할 텐디. 난 무식혀서 모르는디, 럼스펠튼가 하는 사람이 "한국인이 원하면 미군을 철수한다"고 했담서? 즈그들이 언제는 한국인이 원하는 대로 했었다고? 안 원한 줄 알고 해본 소리라는 거 무식한 나도 알것네.

하이고~ 술 묵고 여태 먼 소리 헌 거여. 무식헌 놈이 찌끄려봤자 그 소리가 그 소리제. 이라크고 미국이고 지금 사들고 가는 배추씨나 아무 이상 없었으면 좋것어. 김장철에 제값이나 받고, 배추밭 들어 엎는 짓거리나 안 하게 해주면 나는 행복한 사람이란 말여. 안 그려? 미스터 부시~!! 잘 해보드라고!!

술 묵고 떠든 소리 신경 쓰지들 마~ 술 먹은 개쉐이란 말도 있잖여. 거기다 낮술을 마셨더니 정신이 하나도 없네.

꺼~~어~~억~~~~~~~~~~

2008년도 농부

나? 내가 누구냐고……

말했자녀…… 대한민국 무식한 농부라고. 유식헌 척허고 떠들어댄 게 2003년도 대선 직후니께 벌써 5년이 흘렀구먼. 그동안 살림살이 좀 나아졌냐고? 어이 보소, 배추 심으면 배추 농사 풍년, 고추 심으면 그해 고추 농사 대풍년, 마늘 심으면 마늘 농사 풍년, 농사야 잘 지었제. 과학영농기법이라고 혀서 교육도 받고 나라에서 허란 대로 허니께 수확은 많은디 팔 때는 똥값이여~ 농사는 농부가, 판로와 가격 조절은 나라가…… 이래야 되는 거 아녀? 쎄가 빠지게 흙 파봤자 느는 거이 빚이라, 마지막으로 농협에서 대출 받아 축사 짓고, 송아지 열 마리 들여왔구먼. 나머지 이야그는 자네도 알제?

나는 무식혀서 FTA인지, 한미 협조 어쩌고 허는 건 몰라. 프리온이 어쩌고, SRM, OIE가 어쩌고 하는 것도 먼 소린지 당최 모르겄어. 대통령이 미국 가서 부시 별장에서 하루 잔 대가라고 허든디 먼 소리여? 부시가 천하일색 이쁜 여자도 아닌디 먼 몸값이 그라고 비싸대여? 첨부터 아예 홀랑 벗고 다 줘부럿담서?

지금 전국에서 맹바기 물러나라고 난리굿이라던디 나야 무식혀서 모르지만, 대운하, 의료보험 민영화, 수도·전기 민영화, 과거로 회귀하는 교육정책, 부도덕한 내각에 일관성 없는 정책들이 쌓인 거시 미국 쇠고기 수입으로 터진 거라 하대?

 궁께~ 내가 그 짝은 찍지 말라고 혔자녀~ 나는 다른 것은 몰라도 관상은 좀 보네. 내 겪어봐서 아는데 목안 소리 허는 사람치고 불량허지 않은 사람이 드물어. 목안 소리가 뭐냐고? 쉰 목소리 있자녀. 가수들처럼 허스키도 아니고 쉰 소리로 목안에서 웅얼웅얼…… 감추는 기 많거든.

 대통령도 글고, 난 우리 궁민들한테도 째까 서운허더라고? 다들 광우병 걸릴까 봐 걱정이지, 당장 죽게 생긴 우리 축산 허는 사람 이야긴 꺼내지도 안혀. 한우도 동물 사료 먹인다고 허질 않나, 한운지 수입 산인지 어떻게 믿냐고 아예 쇠고기를 안 무거부러~!

 머 고렇게 데모해서 수입 안 하면 우리가 젤로 덕 보긴 하지만, 지금 당장 살아 있는 생물 죽이지도 못허고 비싼 사료 먹일랑께 내가 먼저 죽겠네~! 노무현이 때는 누구 기업가 한 명 한강에 빠져 죽응께, 거 누구여…… 표절인가 머시긴가로 유명한 여자 국회의원이 대통령이 사람 주겄다~ 나발 불고 다니더만, 우리 같은 사람 농약 먹고 죽든, 휘발유 뿌리고 타죽든 아는 척하는 사람 하나 없어.

 글고 북한에 줄 식량 갖고 왜 그려? 거지한테 동냥을 줘도 자존심은 건들지 말아야 허는디, 글먼 안 되제. 나야 무식헝께 핵문제랑 연계시키는 거시 좋은 건지 어쩐 건지 모르겄지만, 인도저그로다가 글먼 못 쓰제. 인자 북한하고 미국하고 짝짜꿍 되믄 닭 쫓던 개 지붕 쳐다 보기, 10년 공 나무아미타불 아녀? 4년에 한 번씩 식량 비축 창고를 비워야 헌다든디, 이것저것 똥줄 타게 생겼어.

지랄…… 낮술 먹고 먼 소린 허는지 하나도 모르겄네……

나는 무식혀서 대운하를 파는 것이 얼매나 좋은지 모르겄지만, 오늘 아침 뉴스 들어본께, 국책 사업단을 부활시켰담서? 궁민들이 싫다고~ 싫다고~ 허지 말라고~ 허지 말라고 허는디도 거시기 새끼처럼 요리조리 몰래 허는 것이 시방 옳은 일이여? 수질 오염에, 생태계 파괴에, 물류 경제 효과도 의심스럽고 부동산 투기 염려에…… 무식헌 내가 들어도 좋을 것 하나도 없겄든디, 먼 꿍꿍이속이여? 그려…… 궁민의 혈세로 허든 어쩌든 당장은 내 돈 안 들어가니께 근다고 쳐. 의료보험은 어쩔 거시여? 없는 사람은 다 주그라는 소리여 시방?

나는 무식혀서 모르지만, 나라는 궁민들을 위해 있는 거 아녀? 거 미국의 유명한 대통령도 말혔자녀, 국민의 국민에 의한 국민을 위한…… 어쩌고. 지금 허는 거 보면 앞으로 5년 동안 궁민은, "아나~~ 쑥떡~ 조지나 간빵이여……"

무식헌 넘이 낮술 먹고 떠드는 소리 신경 쓰지 말고 허던 일 혀. 담 장에 보세~~

꺼~~억~~ 췐다~~~~~~~~

나……
마타하리

　땅속에서 편히 자고 있는데 내 귀를 이렇게 어지럽게 하는 것들이 뭐야~ 몇 년만 있음 백 년을 채우는데 정말 짱 나는군. 그래, 내가 그 유명한 마타하리야. 맞다허리가 아니고! 명색이 댄서인데 허리랑 엉덩이 구분이 안 되겠어? 내 개미허리에 녹아난 남자들이 얼마나 많은지 몰라? 이래 봬도 '여명의 눈동자'라는 신비스러운 뜻의 말레이어야. 아는 사람은 알겠지만 난 역사의 희생양이었어. 진실을 밝히면 내 치명적인 약점이 알려질까 봐 입 다물고 있었지만 나, 사실…… 간첩 훈련받다가 머리 나쁘다고 잘렸었어(아, 쪽팔려).

두뇌가 비상하고, 뇌쇄적인 미모의 이중간첩. '뇌쇄적인 미모'만 빼고 다 뻥이야. 무전기, 암호사용법을 끝내 못 배워서 날 교육시키던 이엘스베트 슈라그밀러한테 욕만 직싸게 얻어먹고 쫓겨난 거 꼭 내 입으로 말해야 해? 그 마귀 같은 여자가 다른 간첩들을 보호하려고 내가 스파이라는 정보를 흘린 거야. 사실, 내 미모가 아니면 먹히지도 않았을 정보였어. 날 수사한 사람들도 내 뇌 용량을 보고 내가 스파이라는 걸 믿지 않았지만 전쟁에 대한 책임 면피용으로 이용 가치는 있었던 거야. 어쩌겠어, 예쁜 게 죄지.

겨우 마흔하나에 총살당한 내가 불쌍하지도 않아? 왜 뻑하면 나를 들먹이고 비교하는 거야? 나 정도 외모라도 되면 또 말을 안 해요. 김수임* 땐 그래도 기분이 나쁘진 않았어. 많이 배운 여자고 진실한 사랑이 있는 것 같아서 짠~한 마음이었지. 김수임도 결국 나처럼 조작 의혹이 있는 것으로 밝혀졌지만 정치판이 선데이 소설도 아니고 위기 전환용, 국면 전환용으로 써먹는 간첩사건이 아직도 먹히는 시대야?

재외국인, 예술가, 문학인, 학자, 대학생, 어부 등을 엮어대던 간첩 사건. 그중에서 내 입장에선 가장 화나는 게 '여자간첩사건'**이야. 헐, 무조건 미모래. 시커먼 선글라스만 쓰면 다 마타하리고 여간첩이야? 표절을 밥 먹듯이 하는 전모 씨는 "'한국판 마타하리라

---

*
1950년 6월에 간첩 혐의로 사형당한 여성. 이화여자대학교를 졸업한 인텔리로 미 군정청과 주한미대사관에서 통역 일을 했다. 독일에서 공부한 공산주의자 이강국과 연인 사이였다.

고 하네. 김현희보다는 못하지만 인물이 빼어나 미인계로 군 정보를 빼냈다네'라는 소문이 꼬리에 꼬리를 물었다"라며 개탄씩이나 하셨네?(chosun.com, 2008. 8. 27) 그렇게 본인 기준으로 분류하면 곤란하지. 안 그래? 쫀심 상해서 관 뚜껑 열고 나올 뻔했잖아. 미인계 운운하려면 〈색, 계〉의 여주인공 탕웨이 정도는 돼야지. 그리고 스파이 소릴 들으려면 적어도 군 고위관리는 상대해야지, 스물여섯 살 중위가 뭐야, 중위가…… 어디 고급 정보를 얻기나 하겠어? 중위론 좀 부족했는지 슬쩍 대위로 바뀌었다가 대위 진급 예정이라고 했다가…… 내가 대위만 돼도 이렇게 자존심이 안 상해요~!

암살도 못해, 알아내라는 황장엽 주소도 못 찾아, 국방기밀도 못 빼내, 얻어낸 게 겨우 군 장교 명함 1백 장이라니, 쯧쯧. 나만큼 멍청한 건가. 게다가 건강식품, 고사리 등을 팔아 간첩행위를 하는 생계형, 자립형 신종 간첩이라니…… 듣다 듣다 첨 듣겠네. 에궁, 이런 간첩을 잡는 데 3년이나 걸려쪄요~? 계부도 간첩이라니 '패밀리가 떴다'네? 어설퍼, 어설퍼……

물랭루주 댄서로 인기짱이었던 나랑 비교되긴 하지만 이 여자도 짠한 건 마찬가지야. 결국 역사, 정권의 희생양인 건 마찬가지니까. 내가 살았던 1880년대 말과 1900년대 초, 그리고 김수임이 살았던 1900년대 중반은 전쟁과 해방, 공산주의 등 역사의 변동기, 어지러운

**
2008년 8월 27일 북한 탈북자 원정화(34·여) 씨를 군 장교 3, 4명과 탈북자단체 간부 등에게 접근해 군사기밀을 북측에 넘긴 혐의로 구속한 사건.

시대였지. 그땐 이런 음모나 모략이 먹힐 때였어. 권력을 잡은 자들의 속성이 남의 희생을 발판 삼는 거야 다 아는 사실이지만, 죄 없는 사람을 간첩으로 몰아 당사자뿐만 아니라 가족들의 삶까지 망가뜨리는 짓은 정말 악랄해. 그들이 그렇게까지 한 건, 정권에 밉보인 개인을 죽이려는 음모도 있지만, 그보다도 진보 진영을 간첩사건으로 몰아붙여 보수 진영을 결집시키려는 비열한 의도가 더 많다는 거야. 정권을 잡고 유지하기 위해 정권이 위기에 몰릴 때마다, 선거 때마다 나오는 간첩사건. 이젠 유행이 지난 것 같은데, 아직도 '종북', '빨갱이', 간첩사건…… 고만하지? 가만 보면 자격지심, 열등의식 있는 것들이 꼭 남 걸고넘어지더라.

"내가 대통령이 된 이상 경쟁자가 없다. 내 경쟁자는 민주당의 누구도 아니고, 어느 당에도 없다. 경쟁자는 있을 수 없다"라고 했지?(2008년 4월 22일 한나라당 국회의원 당선자 초청 만찬에서) 747 비행기 태워준다며? 세계 7강이라 우리나라 앞에 6개국밖에 없다며? 세계 모든 정상 중에서 제일 열심히 일하는 대통령이라며?(2011년 UAE 원전 사업지 기공식에서) 성군 중에 성군이고 태평성세인데, 철 지난 종북 타령, 사상 검증, 국가관이라니 도대체 내가 땅속에 묻힌 지 백 년이 지나긴 한 거야? 대단한 매카시 나셨어요~

특히 미인계 어쩌고 하면서 여자들을 선정적으로 엮어대는 구역

질나는 일은 이제 그만해. 여자들을 우습게 보는 것도 그렇지만, 국민의 수준을 아예 깔보는 저열한 발상이야. 언론이란 것들이 신나게 받아서 삼류소설이나 써서 갈기는 걸 보면 옐로 잡지가 따로 없다니까! 백골이 진토 되어 넋이라도 있건 없건…… 웃겨. 내가 산 세월은 40여 년밖에 안 되지만, 흙 속에서 도를 닦은 지 백여 년이 다 돼가다 보니 어지간한 일에 흥분도 안 하고 열도 안 나지만, 여자간첩 이야기가 들리면 관 속에서 벌떡 일어나게 돼. 나 조용히 잠들고 싶은 사람이거든? 니콜이나 졸리 정도 아니면 마타하리니 뭐니 비교하지 말고, 핵 시설 정보 유출이랄지, 대통령 암살 계획 같은 거 아니면 간첩 어쩌고 떠들지 말라고 좀 해줘. 그리고 뭘 하려면 손발 좀 딱딱 맞춰봐. 비전향 간첩이라고 해서 보면 사상전향서 쓴 전향 장기수, 방위산업체 다니면서 군사기밀 빼냈다는 사람은 민간 항공회사 직원, 그러면서 입건은 안 하고 참고인 조사만 했다는 건 무식한 내가 봐도 이상해. 간첩 잡지 말란 말이 아냐. 잡아야지. 기획 간첩 말고 진짜 간첩! 이제 어지간한 간첩사건엔 놀라지도 않으니 제대로 좀 해봐. 언제까지 레드 콤플렉스 안고 갈 거야?

이제 잠 좀 자자, 쪼옴~

내가 얼굴만 반반하지 교양 같은 건 없는 편이라는 거 오늘 다 뽀록났네. 못 본 걸로 하고 그냥 희대의 미녀 스파이 마타하리로 기억해줘.

더러운 입에
예수를 올리지 말라

나의 친 조부모님이 일찍이 기독교를 받아들이셔서 친가는 거의 목사, 장로 쪽이지만 돌아가신 아버지는 임종 때야 안수기도를 받으셨고, 외가 쪽은 천주교지만 엄마는 중년 이후에 며느리의 권유로 성당에 다니기 시작했다. 자식 넷 중에 언니만 교회에 열심이고, 나를 포함한 나머지 셋은 뭔가 모를 죄의식은 있으면서도 종교에 귀의할 만한 특별한 계기가 없어서인지 찔끔찔끔 다니다 말다 한다.

몇 년 전 거주하던 동네와는 다른 동네에서 작은 일을 하나 벌일 때다. 찾아오는 손님들의 대다수가 이 동네에서 돈 벌려면 ○○교회에 다니지 않으면 안 된다는 말을 했다. 한국 교회는 일요 예배로 끝나지 않고 구역 예배, 성경 공부, 심야 예배, 새벽 기도, 부흥 예배, 봉사활동 등 거의 반 직업 삼아야 한다는 것 때문에 망설이긴 했지만 이 기회에 교회에 열심히 다녀보자는 생각으로 몇 만 명의 신도 수를 자랑한다는 이 동네 대형교회에 등록했다.

처음 예배를 보고 난 후의 느낌은 교회가 기업이라는 것이었다. 어마어마한 건물과 새벽부터 밤까지 쉴 새 없는 1부, 2부, 3부…… 예배 시간, 스무 명 가까운 목사님들과 입구에 떡 버티고 있는 현금지급기, 그래 뭐든 대형화, 럭셔리화 추세니까. 인정!

교회를 다니고 나서 얼마 지나자 여 선교회라는 곳에서 전화가 왔는데 여기 오면 장사하는 데 도움이 될 거라며 선교회 등록을 권했다. 노골적으로 흥정하는 듯한 회장의 말에 비위가 상해 바쁘다는 핑계로 두어 번 참석하다 말았지만 나 한 명을 위해 금요일마다 들르는 구역장의 성의 때문에 항상 빳빳한 돈으로 헌금을 준비해뒀다.

어느 날 구역 총황이란 걸 보여주는데 수백 개의 구역을 구역 예배 참가 인원수, 모금 헌금 액수로 등수를 매겨놓은 걸 보고 정말 이건 아니다 싶었다. 그러니까 그 구역장은 일 때문에 구역 예배에 참가하지 못한 어린 양 하나를 구원하기 위한 것이 아니라 내가 낼 헌금봉투가 목적이었던 것이다. 여름과 겨울, 아이들 방학 시기엔 구역 예배도 방학을 한다며 방학 기간에 낼 헌금을 한꺼번에 미리 받아가는 걸 보면 내가 오해한 게 아닐 것이다. 일요일 예배 헌금, 감사 헌금, 십일

조, 여 선교회 헌금, 구역 예배 헌금, 목사님 방문 헌금…… 돈 돈 돈, 돈이다.

교회에 가는 일은 일찌감치 그만뒀지만, 웃으며 방문하는 구역장을 물리칠 수가 없어 차일피일 미루고 있었는데, 어느 날 이 교회 대장 목사의 정치적인 의식이 드러나는 설교와 그런 목사님 말씀이라면 콩을 팥이라 해도 믿으며 그 사상에 경도되는 그녀의 모습을 보고 난 뒤로는 자리를 피했다.

살아오면서 수많은 기독교인들을 보았다. 그래서 얻은 결론은 아무리 좋은 종교도 깡패는 깡패 식으로, 다들 자기 편한 대로 믿는다는 것이다. 다른 종교도 마찬가지지만 기독교 쪽은 오만하기까지 하다. 자기가 속한 교회가 얼마나 큰지, 얼마나 유명한 사람이 많이 오는지 자랑하는 사람들을 보면 자기들 틀 안에서만 널리 사랑하고 베푸는 것 같아 교회가 마치 경쟁적인 '이익집단'처럼 보인다.

**돈, 돈, 돈, 돈!
교회가 마치 경쟁적인
'이익집단' 같다**

남에게 피해는 안 주지만 자신의 기복에만 열중하는 사람, 별 생각 없이 내세의 안녕만 기원할 뿐 돌아가는 사회현상엔 무심한 사람, 성경은 성경이고 생활은 생활, 일요일 하루 회개하면 끝인 사람이 내 주변에만 많은 것일까.

우리가 간구하고 기도하는 이유는 찬양하고 영광을 돌리는 것보다 인간의 힘으로는 어찌할 수 없는 부분을 위로받고자 함인데, 하늘에만 있는 추상적이고 고귀한 종교는 손에 닿지 않는 무지개일 뿐이다. 하나님 믿고 성경 말씀대로만 살면 행복한 내세가 약속된다고 하면서 성경을 자기 식으로 해석하고 하나님을 믿는다는 빽 하나로 나쁜 짓도 죄의식 없이 저지르는 사람들, 하나님 믿는 사람끼리 패거리를 만들어 그들의 잘못된 생각을 전하는 데 하나님을 빙자한다. 하나님의 뜻을 자기 식, 자기 이익과 연결해서 설교하는 목사의 말을 하나님의 말씀으로 착각하는 사람들이 그들이 가진 지식이나 지성과는 상관없이 의외로 많다는 사실에 놀랄 때가 많다. 원시시대의 제사장, 미개한 부족의 무당들이 하나님을 대신했을 때 아무도 의심하지 않고 추종하던 것과 다름이 없어 인간이 얼마나 단순하고 미력한 존재인지 새삼 확인하게 된다.

> 세상일에 눈감고 권력 편에 선 종교인들, 마치 중세의 교회를 보는 듯하다

신앙인이 전부 성자가 될 순 없다. 모두 예수님처럼 고난을 순순히 받아들일 순 없다. 우리 모두 약한 인간이기에 신을 의지하고 그의 말씀 안에서 살기 위해 노력하는 것이다. 종교의 힘을 빌려 남보다 앞장서 나쁜 짓을 하면서도 그것을 하나님의 뜻이라고 믿는 깡패식의 종교관, 너무 많이 봐서 염증이 날 정도지만 다행히 일반인들은 민폐로만 끝나니 다행이다. 하지만 한 나라의 대통령과 주변 인물들, 자기 교회에서 대통령이 나왔다는 자부심을 넘어 권력화하려는 신앙인 아

닌 교인들을 보면 신의 일시적 대리인으로 토지와 부를 장악하고 왕과 민중 위에 군림하려는 중세의 교회를 보는 듯하다. 다른 게 있다면 이제 정치가 종교를 이용한다는 것이다.

하나님을 대신하는 사제들은 인간을 위해 어떤 역할이든 해야 하는데 그들의 형제자매가 무력 정치에 두들겨 맞고 있을 때 교회 안에서 하나님만 찾는 게 옳은 일일까. 세상일에는 눈감고 자기 혼자 부처가 되겠다고 술과 고기와 여자를 끊고 산속에서 목탁만 두드리며 얻은 깨달음이 무슨 소용이 있을까. 권력과 돈을 좇는 무리들이야 그렇다 치고 순수한 목사, 사제 분들이 성전 안에서만 하나님께 기도하는 것이 옳은 일인지도 생각할 일이다.

로버트 드니로와 제레미 아이언스가 주연으로 나왔던 영화 〈미션〉은 남미에서 내전이 일어났을 때 총을 들고 싸우는 신부님에 관한 내용을 다루고 있다. 정부군이든 반란군이든 똑같이 소중한 생명이지만 정의롭지 못한 정부군을 향해 총을 쏘는 그 신부님에게 하나님의 자녀로서 옳지 못하다고 할 수 없다. 속세와 유리된 종교는 보기 좋은 플라스틱 꽃에 불과하다. 인간 세상과 동떨어진 성경 내용은 차라리 오래된 잡지의 오늘의 운세보다 못하다. 내 생각에 참 종교인은 "인간을 위한, 인간과 함께 하는 하나님"을 전파하는 사람이다.

물론 부패한 정부와 권력에 목숨을 걸고 저항하고 사회의 어려운 곳에서 기독교의 참뜻을 실천하는 분들도 많다. 그러나 대기업의 불법과 지나친 국가 공권력에 항의하는 일은 종교인으로서 마땅히 해야 할 일임에도 세상과 상관없는 듯 눈을 감고 권력의 편에 선 종교인들이 점점 많아진다. 정치인이 자신의 권력을 확장하기 위해 종교인들을 방문하고 기도회를 열고 대통령 부부와 정부 요인들이 종교 행사에서 무릎을 꿇고 통성기도를 한다. 권력에 약한 종교인들은 구국 기도회를 열고 수천만의 기독교인들에게 그들의 보수적인 사상을 종교의 명분으로 설교하고 전파한다. 결국 힘의 논리에 끌려가면서 그 기도의 끝은 언제나 "우리 주 예수의 이름으로……"이다. 정말 예수님이 듣고 계신다면 내 이름을 팔지 말라고 화를 내실 일이다.

나는 언젠가 기독교에 귀의할 사람이고, 우리의 예수님이 이용되고 더럽혀지는 걸 원치 않는다.

그러니 제발 그 더러운 입에 예수를 올리지 말라.

나무에게 미안하다, 무한도전 안 봐도 좋다

"영란이는 신문 연재소설을 본다." 초등학생일 때 엄마가 공부 밖에 모르는 명문 여고생 언니에게 걱정스럽게 나에 대해 이야기하는 걸 우연히 들었다. 그 후 뭔지 모르지만, 사람을 간질간질하게 하면서 흥분시키는 연재소설을 보는 게 나쁜 짓이라고 생각하고 식구들 있는 데선 신문을 외면했다.

중학생일 땐 꽃만두 박성원이 하는 방송부터 〈별이 빛나는 밤에〉까지 라디오를 끼고 사느라 신문 따윈 관심 없었고, 고등학생일 땐 통학버스 타고 학교 왔다 갔다 하는 것만으로도 지쳐서 신문은 내 눈에 보이지도 않았다. 기숙사 생활을 했던 대학생일 땐 신문은 사감 선생님 방에나 있는 거였고, 나는 명동의 구두 골목을 뒤지고 다니기에도 바빴고 미팅, 축제, 디스코텍 등 재미있는 일이 너무 많았다. 그리고 무엇보다 우리에겐 페이지 당 일 원씩 하는 삼중당 문고가 있었다.

신혼이었던 오빠 집에 잠깐 붙어살 때 신문이란 걸 본 적이 있는데, 내가 관심 있게 본 건 텔레비전 프로그램 안내와 김대중 칼럼이었던 걸로 봐서 조선일보였던 것 같다. 잘은 모르지만, 내가 아는 정치인과 동명이인이라는 데 우선 호감이 갔고, 당시 내 눈에는 그의 칼럼이 뭔가 굵직한 글자로 보였다.

결혼을 하고 나서 독일에서는 동아시아 도서관에 가야 날짜 지난 신문이라도 볼 수 있었다. 그땐 한글 자모에 목이 말라 있었던 터라 그곳에 비치된 월간 『신동아』와 신문(新聞) 아닌 구문(舊聞)을 처음부터 끝까지 샅샅이 읽었다. 한국 정치사의 격동기여서 곧 화폐가 바뀔 것이라는 소문부터 한인회끼리의 정치적 입장 싸움 등 고국의 정치 문제가 주요 화제였다. 사회적 관심이 많았던 한인 학생회, 이영희 교수, 황석영 작가부터 반정부 인사로 불렸던 사람들의 끊임없는 방문과 강의, 민주화 운동권 유학파들……

그렇지만 당시 나는 아이스크림, 피자, 소시지 등 길 가다 뭐든 먹고 싶은 게 우선이었던 철부지 신부였고, 군것질에 목말라하면 하나만 사서 신랑이 나에게 먼저 주었던 가난한 신혼이었다. 그러다 남편은 아르바이트로 번 한 달 생활비에 해당하는 거금으로 한겨레신문

창간 주주가 되었고, 나도 덩달아 한국에서의 생활이 한겨레신문과 함께 시작되어, 세상으로 향한 첫 소통도 한겨레를 통해서 열렸다.

그러면서도 크게 인식하지 못했던 기득권 신문들의 문제점을 노무현 대통령 탄핵 때에야 깨달았다. 그리고 '펜은 칼보다 강하다'가 아니라 '펜은 칼보다 무섭다'는 것을 느꼈다. 칼로는 사정거리 안의 몇 사람만 해칠 수 있지만, 잘못된 글은 수많은 사람들을 다치게 하고 인생

권력의 편에 서서 휘두르는 펜은 칼보다 무섭고, 똥치는 막대기보다 더럽다

을 잘못된 길로 이끈다. 칼을 든 사람은 단지 잔인할 수 있을 뿐이지만, 펜을 든 사람은 교활하고 간악할 수 있다. 숨겨둔 야비한 의도를 지성과 지식, 학식으로 포장해서 자신의 목적을 이루기 위해 펜을 휘두른다. 이때의 펜은 칼보다 무섭고, 똥치는 막대기보다 더럽다.

펜대를 쥔 자들. 자신의 글로 인해 보통 사람들이 세뇌되고, 의도하는 대로 움직일 때 그들이 느낄 쾌감은 짐작이 간다. 오도, 왜곡을 넘어선 잘못된 사실의 재생산. 얼마나 오랜 세월, 많은 사람들이 그들의 펜대에 놀아나고, 경도되고, 인생관과 세계관이 움직였는지를 '그나마' 한겨레로 세상과 소통하면서 알았다. '그나마'라고 쓴 건 한겨레신문이나 경향신문이 진보적이고 비교적 사실에 가깝게 쓰긴 하지만, 자신들의 정치적 성향에서 벗어날 때는 그들의 논조도 공정하지 않다는 걸 여러 번 경험했고, 또 다른 언론 권력을 엿보았기 때문이다.

그래도 조중동으로 세상을 바라보지 않은 것에 안도한다. 만일 그랬다면, 그래서 나에게 글 쓰는 재주라는 게 조금이라도 있었다면, 내 재주는 칼보다 무섭게 쓰였을지 모르고, 내 자식들에게도 그릇된 가치관을 심어줬을지 모른다. 다행이다. 메이저 신문들을 보면 보수와 진보의 차이를 떠나 야비한 의도가 교묘하게 숨겨져 있는 기사 제목 한 줄, 어미 한마디, 부호 하나로 사람을 죽이고 살린다. 아예 사실 전체를 거꾸로 해석해 진실을 감추고, 새로운 사실을 만들어내서 그들의 입맛대로 세상을 움직이려 한다. 간악한 의도로 세상 보는 눈을 가리려 하고, 국민을 우민으로 만드는 데 앞장섰던 일에 반성하는 기색은커녕 적반하장으로 나온다.

신문사 사장의 친일 경력과 난잡한 사생활, 권력과의 유착 등을 변호하고 덮을 때 그 신문사 출신 정치인들의 활약은 두드러지고, 대통령은 '언론 프렌들리'라고 하면서 실상은 자신의 혀가 되거나 알아서 핥아주는 언론에 대해서만 친절하다. 종이 신문을 구독하는 사람은 줄고 신문 독자의 연령층은 높아서 영향력이 옛날보다는 못하지만, 권력의 앞잡이, 권력의 종, 권력의 하수인인 그들의 망국적인 질주를 멈추게 하지 않는 한 우리가 꿈꾸는 정의로운 날은 더디 올 것이다.

언론을 입법부, 사법부, 행정부 등 3부에 이은 제4부라고 한다. 그만큼 중요하다는 뜻일 것이다. 그래서 정권을 잡은 쪽에선 가장 먼저 권력기관과 언론에 손을 뻗친다. 신문이 선택적이라면 방송은 일반 국민들이 쉽게 접근하는 가장 대중적인 매체다. 이 정권 들어 가장 작심하고 한 일이 최시중을 방송통신위원장에 앉히고, KBS 정연주 사장을 배임죄 등으로 내쫓은 일이다. 〈피디수첩〉 등 고발 프로그램은 없어지고, 자기들에게 이로운 내용만 알리게 하는 노골적인 편파방송을 일삼고, 불공정 방송과 반대편에 서는 이들을 탄압하고 고발하고,

> 권력의 하수인으로
> 전락한 수구 언론의
> 망국적인 질주를
> 멈추게 하지 않는 한
> 새날은 더디 올 것이다

몰아내고 제거하려 하고…… 그래서 참다못한 기자, 피디, 아나운서 등 방송 노조가 백 일이 넘게 생계를 포기하고 파업 중이다.

정상적인 방송이 불가능한데도 적나라하게 비리가 드러난 방송사 수장이 악착같이 버티고 있는 이유, 정치권에서 개입하지 않는 이유는 말하지 않아도 안다. 대선을 앞두고 그들 편에 선 방송이 절대적으로 필요하기 때문이라는 것. 지난 총선 때 독자 수가 많다는 신문들의 이념 공세와 공중파의 노골적인 편파방송, 심지어 투표율을 낮추려는 시도까지 정권 편에 서 있는 방송사의 횡포는 한마디로 조폭언론이라 불러도 지나치지 않을 정도다. 방송노조의 정당한 파업을 불법파업이라 매도하고, 주요 뉴스와 현안 뉴스는 사라지고 정권의 입맛에 맞는 뉴스로 도배하는 신문과 방송을 보면 박정희, 전두환 시대가 다시 온 듯하다.

국민일보 기자들이 생계를 위해 팔자에 없는 한우 장사를 하고, 방송노조 파업이 길어지면서 생계비 대출로 여의도 은행들이 바쁘다는 2012년. 이제 텔레비전을 끄고 라디오를 켠다. 라디오 방송 중에서도 그동안은 택시기사님 방송이라 생각했던 교통방송을 듣는다. 교통방송 사장은 서울시장이 임명하기 때문에 비교적 정권의 압력에서 자유로워서 하고 싶은 이야기, 듣고 싶은 이야기를 하는 듯하다.

권력으로부터의 자유와 더불어 방송사 수장의 의식이 공정 방송에 얼마나 중요한지는 방송 내용을 들어보면 안다. 라디오가 부엌에 있어서 배칠수와 전영미의 정치인을 흉내 낸 성대모사와 신랄한 정치 패러디를 들으며 점심을 먹는데, 검열의 시대에 살다 보니 저렇게 해도 괜찮을까, 하는 생각이 들 정도로 촌철살인에 성역 없는 내용이다. 저녁 시간에는 서화숙 기자의 시사프로를 들으면서 쌀을 씻고 국을 앉힌다. 토론 프로그램에서 뉴라이트의 친일사상과 잘못된 이승만 평가에 대해 강하게 비판했던 서 기자를 진행자로 발탁할 수 있었던 건 정부의 입김에서 자유롭기 때문이고, 요즘 공중파에선 불가능한 일이다. 방송을 들으며 숨통이 트이는 기분을 맛본다.

어차피 왜곡 방송일 테니 안 보는 게 정신 건강에 낫고, 〈나는 꼼수다〉부터 시작된 팟캐스트와 〈뉴스타파〉 등 인터넷방송이 이젠 가장 믿을 만한 통로가 되었다. 공중파에선 절대 알 수 없는 진실들에 탄식하고 그나마 인터넷이 있어 얼마나 다행인가 하며 안도한다. 생계에 위협을 당하고 자신이 좋아하는 일을 내려놓을 수밖에 없으면서도 고난에 굴하지 않는 방송인들도 다른 통로로 그동안 막혔던 입을 열고 우리에게 진실을 전해준다. 그리고 우리는 그들을 격려한다. 조금만 힘을 내라고. 결국 우리가 이길 거라고. 국민은 당신들 편이라고.

"조선일보를 생각하면 나무에게 정말로 미안하다"(손병휘@SonByeongHwi)는 한 줄 트윗에 미소를 지으며, "앞으로 있을 총선과 대선을 앞두고 MBC, KBS가 자정 작업을 위한 매우 바람직한 노력이 계속되고 있다. 무한도전 안 봐도 좋다! 쓰레기 낙하산부터 치우고 공정 언론을 되찾자"(대치동갈매기@Chinesebaseball)는 트윗으로 그들에게 용기를 주고 싶다.

Part 5

부드러운 선동

트라우마를 이겨내기 위하여

어릴 적에 엄마가 온몸을 사시나무처럼 떨며 잠에서 깰 때가 있었다. 한참 지나 진정이 된 후 들어보면 '산사람'들이 죽창으로 친척들을 찌르는 꿈을 꿨다고 하신다. 나중에 안 일이지만, 시골에서 지주였던 외가 친척들이 지리산에서 내려온 빨치산에게 몰살당한 일이 있었고, 언젠가 신문에서 그 사건에 대해 읽은 적이 있을 정도로 큰 사건이었다. 지금은 덜하겠지만 아마 엄마에겐 가장 큰 트라우마일 것이다.

초등학교 들어가기 전에 버스가 사람을 치어 뇌수가 밖으로 튀어나온 걸 보고, 몇 년간 그 기억으로 고기는 입에 대지도 못했고 항상 뱃속이 울렁거리고 메슥거렸다. 초등학생 때는 전쟁이 나는 무서운 꿈 때문에 엉엉 울면서 깨어난 적이 많았다. 이승복의 "공산당이 싫어요" 교육을 집중적으로 받을 때였고, 북한 사람들은 빨간 얼굴에 머리에 뿔 난 괴물이고, 언제든지 호시탐탐 남침의 기회만 노리고 있다고 매일매일 주입받았다. 선생님께 인사할 때 구호가 '승공'이었고, 나는 반공 글짓기, 웅변대회에 빠짐없이 나가야 했다.

지금도 가끔 입시까지 한 달, 일주일 정도밖에 안 남았는데 수학 뒷부분 공부를 다 하지 못해서 안절부절못하는 꿈을 꾼다. 정신적으로 힘들 때는 돌아가시기 전 잠시 귀국했을 때 마지막으로 뵈었던 여윈 아버지의 가느다란 목덜미와 오래전에 키우던 개가 새끼 낳은 지 열흘 만에 쥐약 먹고 몸부림치던 모습이 어김없이 나타난다.

어떤 일이 벌어질 때나 아니면 들을 때, 그 당시엔 모르지만 무의식적으로 일생을 따라다니는 트라우마가 있다. 꿈에 나타날 정도는 아니어도 요즘은 내 의식과 작은 행동에서 트라우마를 느낀다. 어느 자리에서 조선일보가 놓여 있는 걸 보면 정말 오물이 묻은 듯 만지는 것조차 불결하게 느껴지고, 광고 중단 요구에도 끄떡하지 않던 어떤 라면회사 제품은 독이 든 사과처럼 보이고, 매년 남편 생일 때마다 무심코 샀던 구두 또한 광고 중단 요구에 퉁명스럽게 반응하던 브랜드였다는 걸 알고 원통해한다.

곱창, 갈비탕, 설렁탕…… 간판만 봐도 광우병 덩어리처럼 느껴져 식재료를 손질하는 손까지 더러워 보이고, 음식을 선택할 때 '쇠고기가 들어가지 않은'이 기준이 되었다. 먹는 걸 즐기는 게 아니라 생존을 위해 항상 긴장하며 먹어야 하는 지경이다. 소비자운동을 떠나 이젠 하나의 이데올로기가 되었고, 조중동과 이명박 정권에게 얻은 트라우마로 삶이 피폐해져간다. 정치적인 성향에 따라 연예인에 대한 호감도가 달라지고, 그들의 원래 인간성, 활동 내용과 상관없이 괜히 기분이 나쁘거나 싫어지니, 분명 정상은 아니다. 모든 생활이 정치와 연관되어 돌아가고, 그렇지 못할 땐 심한 죄책감에 사로잡힌다.

어느 신문에서 쇠고기 파동 후 아이들이 쇠고기 노이로제에 걸려 고기라면 일절 거부한다는 기사를 본 적이 있는데, 어쩌면 그럴 수도 있겠다는 생각이 든다. 병에 걸려 주저앉거나 끔찍하게 도축되는 모습을 보는 아이들은 내가 어릴 적 교통사고를 목격한 후 고기만 봐도 역겨웠던 것과 비슷한 증세를 느낄 것이다. 조중동과 정부는 그 책임을 〈피디수첩〉과 촛불시위 선동 세력에게 떠넘겼고, 괴담 유언비어라고 매도했지만 많은 사람들이 쇠고기 트라우마를 앓는 건 사실이다. 총체적으로 이명박 정권이 준 트라우마이지 개인적인 사건이나 사고, 피할 수 없는 전쟁으로 인한 트라우마가 아니어서 더 기가 막히다.

사람과의 관계를 이분법으로 나누게 됐고, 나와 다른 생각을 가진 사람을 경멸하거나 간단하게 미워해버린다. 정부가 하는 일은 어떤 것이든 믿지 않고 어지간한 부패나 비리엔 무감각하지만 가슴엔 항상 분노가 가득 차 있다. 한쪽에선 미국 사람뿐 아니라 미국 사는 교포도

다 미국 쇠고기를 먹는다, 먹기 싫으면 안 먹으면 된다며 미국산 쇠고기 수입을 반대하는 것만으로 북한을 이롭게 하는 빨갱이, 불순한 정치 세력으로 규정짓는다. 다른 한쪽에선 국민에게 유해한 식품을 들여오는 굴욕적인 계약을 하고 그 계약 내용조차 국민에게 제대로 가르쳐주지 않는 정부와 그에 동조하는 사람을 꼴통, 무개념, 무뇌라고 공격한다. 상대에게 돌을 던지며 대한민국 전체가 모두 정신적으로 상처받고 서로 꼬리를 물어뜯는다.

간 크고 통 커서 광우병쯤은 아무렇지 않거나, 애국심이 충만하여 나라님이 하시는 일은 모두 옳다는 사람을 제외한 나머지 사람들은 눈뜨면 욕으로 시작하고, 종일 SNS에서 눈을 떼지 않는 것을 세상에 눈을 부릅뜨고 사는 것처럼 착각한다. 그래서 신경은 날카로워지고, 한 놈이라도 걸리면 죽는다 하는 적대감으로 분기탱천하는 것, 억울하고 분해서 보란 듯이 할복이라도 하고 싶고, 몸에 휘발유라도 끼얹고 싶은 심정이 되는 것, 광화문에 나가지 않는 날은 인터넷 아프리카 방송을 들으면서도 죄의식을 갖는 것, 패배자의 절망감과 포기할 수 없는 희망 가운데서 갈등하며 이런 세상이 오게 한 다른 쪽의 사람들에게 재앙이 내렸으면 하는 끔찍한 생각이 드는 것, 내가 모른 척하면 세상이 잘못될 것처럼 느껴져 아무것도 하지 않는 날엔 사람 도리를 다하지

● ● ●
이 정권이 안겨준 새로운 트라우마로 대한민국 전체가 상처받고 서로 꼬리를 물어뜯는다

못한 것 같은 우울한 하루가 되는 것, 모두 그들에게 얻은 정신적 외상, 트라우마다.

진압대에 의해 강제로 엄마와 헤어진 아이는 밤마다 무서운 꿈을 꿀 것이고, 길바닥의 흥건한 피를 본 사람들은 제복과 빨간색에 대한 공포가 무의식까지 지배하지 않을까. 인디언이나 노예 포획처럼 시위대 머리 하나에 오만 원, 이만 원 가격을 매겨 인도에 있는 사람들까지 잡아가고, 방망이에 선연하게 묻은 피를 닦던 그들 또한 평화로운 잠을 잘까. 삼풍백화점과 성수대교가 무너진 후 한동안 큰 건물에 못 갔던 일, 다리 건너는 일이 무서웠던 일, 그건 실제로 겪지 않은 사람에게도 트라우마였다. 그 사고에서 살아남은 사람들이 안고 갔을 트라우마는 다 치료됐을까.

엄마는 전쟁 후 몇 십 년이 지난 후까지 앓으셨고, 나는 30년이 지난 아직도 수학문제로 끙끙거리는데, 미국산 쇠고기를 먹는 한 이 트라우마는 계속될 것이고, 조중동이 그 뒤를 받쳐주는 이 정권의 미친 질주가 끝나지 않는 한 치료되지 않을 것이다. 수십 년의 일제강점기와 남북 이데올로기 싸움, 연이은 독재정치의 트라우마가 옅어질 무렵 다시 이 정권은 우리에게 새로운 트라우마를 만들어주었다.

가끔 내가 서 있는 자리가 과연 옳은가 하는 회의가 들기도 하고, 나무 한 그루, 빛 한 점 없는 벌판에 서 있는 것처럼 깜깜하게 느껴진다. 내가 옳은 것인가, 나 역시 한 가지 이데올로기에 경도되어 옆은 안 보고 한 곳만 바라보고 있는 건 아닌가. 단단한 틀 안에 가둬놓고 열린 것처럼 착각하고 있는 건 아닌가. 이것도 좋을 수 있고 저 사람이 옳을 수도 있는데 외골수처럼 한 곳만 파는 게 아닌가. 좋은 게 좋은 건데 나 혼자 예민한 건 아닌가.

그깟 거 뭐가 중요한가 허술하게 마음먹으려 하기도 하고, 내 자리에서 흔들리지 말자 단단하게 마음을 다져보기도 한다. 순간적으로 의문이 들기도 하고 수없이 흔들리기도 한다. 그러다가 내 말 좀 들어봐 소리친다고, 다른 생각을 가졌다고, 다른 방향을 본다고 끌려가 곤봉 타작을 당하던 모습을 떠올리면 바로 속이 메슥거리는 트라우마가 시작된다.

이 병 때문에, 이 병을 이겨내기 위해서…… 나는 '부드러운 선동질'을 계속한다.

엄니……

엄니……

노름, 술, 폭력, 도둑질, 강간, 무능력, 거짓말, 허세. 그중에 한두 가지만 하면 그래도 이 점은 괜찮지 하면서 참을 수 있고, 이래라 저래라 잔소리해가며 고쳐나갈 희망이 있겠소. 엥간해야 바가지도 긁고, 그래도 어쩌랴 내 서방인 걸, 체념하며 살지라. 사람 못된 짓은 모두 골라 하는 인간에겐 말할 기운도 없고, 귀신은 뭐하느라 저런 인간 안 잡아가나 하는 생각만 들어라. 사는 이유가 남편 때문은 아닌데, 남편 때문에 못 살 이유가 됩디다.

포기하고 없는 셈 치자고 해도 뻑 하면 손찌검에 애들 과자 값까지 털어가는 통에 그럴 수도 없소. 그러면서 맨날 큰 거 하나 잡으면, 인천에 배 들어오면, 허파에 바람 든 소리만 뻥뻥 치고, 지 못난 탓은 처갓집에서 안 도와줘서, 재수가 없어서, 조상 묘를 잘못 써서, 애새끼가 빽빽 울어서, 여편네가 우중충한 인상이라…… 천오백 가지 넘는 이유가 있는 인간이란 말이오.

살기 싫다, 싫다, 말하면 돌아오는 건 몽둥이찜질에 머리채 잡는 것은 기본이고, 처갓집에 불을 지르니, 애새끼를 죽이니 공갈 협박에 다신 안 그러겠다는 거짓 맹세 반복, 이젠 입을 열기도 싫소. 그럴 사람이 아니라고 허지 마소. 엄니 앞에서 짓는 순한 표정은 다 거짓인 거 아직 모르시오? 하나하나 뭘 잘못하는지 말하기도 성가시오. 인간 자체가 잘못된 넘이라 따지는 것도 지치는 일이랑께. 그동안 복장 터지고, 억울한 거 생각하면 시구지름 둘러쓰고 꼬실라 죽어도 시원찮을 지경이란 말이오. 이 인간만 없어지면 사람 많은 십자로에서 발가벗고 춤이라도 추겠소.

차마 먹는 음식에 약을 탈 순 없고, 오냐 술 담배 끊겠단 말은 말아라, 많이 마시고 많이 피워서 하루빨리 죽어라, 지발 덕분에 편한 세상 한번 살아보자, 마음만 모질어지고 있소. 밥맛없어진 지는 오래, 자식새끼 불쌍하다가도 웬수 같은 인간 핏줄이라고 생각하면 마음이 싸늘해지고, 내 발목 잡는 물귀신으로 보이오……

내가 미친년이오. 음침한 눈구녕을 보고도 남보다 잘살게 해준다는 말, 공주처럼 떠받들겠다는 말을 믿었단 말이오. 결혼서약에 "네"라고 다소곳이 대답한 이 주둥이를 찢고만 싶소. 그래도 동네에서 밥술은 먹고사는 집이었는디 잘살게 해주겠다는 말에 엄니는 왜 그렇게 혹하셨소. 철없는 나를 말리기는커녕 사위 덕 보겠다고 설친 엄니가 원망스럽소. 인자 어쩔 것이오. 망쳐버린 딸년 인생 어쩔 것이오. 눈물도 마르고 신세 한탄하기도 지쳐 이젠 죽은 목숨처럼 그 인간이 나보다 먼저 죽기만을 기다리는 수밖에 없소.

처음 거짓말할 때, 비싼 값에 병든 소 끌고 와서도 잘했다고 큰소리칠 때 잔소리했던 시절이 차라리 행복했다 싶소. 그때는 내 잔소리로 좋아질 줄 알았고, 그럭저럭 살아질 줄 알았어라. 이젠 집에 남아난 세간도 없소. 이리 팔고 저리 팔고 선산까지 팔아묵었소. 입으로는 번지르르 걱정 마라, 내가 누구냐, 장사에는 도가 텄다, 처가까지 먹여 살린다, 안에서나 밖에서나 사기질이 버릇이오.

하이고~ 내가 죽은 듯이 있응께 지 잘나서 그런 줄 알고, 동네방네 다니며 우리 마누라는 내 말이면 꼼짝도 못하네, 의심 많은 건 천성이네, 서방 말 안 듣는 건 때려서 고쳐야 하네, 삽질깨나 허고 댕긴 갑습디다. 글거나 말거나 이젠 나도 무슨 수를 내든지 해야지 이러다 내가 먼저 죽겄소. 내 인생 없는 셈 치자 포기하다가도 아직 젊은 내 인생, 내 새끼들 불쌍해서 안 되겄소. 그러니께 엄니도 맘 단단히 자시고, 동네 사람들한테 저 인간 개소리한 거 믿지 말라고 허고, 돈도

꿔주지 말라 허고, 무슨 일 나면 내 편 좀 들어주라고 허소. 나 혼자는 역부족이니 옛날 못된 넘 멍석말이 하듯이, 동네 사람들 모두 저 인간 몰아내게 힘 좀 보태달라고 부탁 좀 해주소.

고쳐가며 살라는 말은 허지 마소. 사람 변한단 말도 허지 마소. 저 인간은 염라대왕 앞에 가서도 혀를 날름거리며 거짓말헐 인간이고, 지가 잘못한 거 죽어서도 모를 인간잉께. 하는 짓이 하도 꼴같잖아서 요새 밥도 못 묵고 살고자픈 의욕이 없었는디 오늘부터 밥 묵고 기운 챙길라요. 한 대 때리면 두 대 때리고, 주먹질하면 발길질할라요. 집안일이다 넘 부끄럽다 쉬쉬하며 숨기지 마소. 동네방네 소문내서 발붙일 데 없게 만들어야겠소. 죽을 만치 패서 곳간에다 가둬불라요. 어쩌것소, 순헌 사람 이렇게 맹글었으니 지도 당해봐야지.

절대로 지한테 당허고 살 사람 없다는 거 보여줘야 허지 않겠소, 엄니……

The last straw,
never ever give up

　　결혼 전에 다니던 옷가게 주인아줌마와 개인적인 친분을 갖게 되어 지나는 길에도 들러서 점심도 같이 먹는 가까운 사이가 되었다. 어느 날 고등학교 때 잠시 나와 같은 서클에 있기도 했지만 나이답지 않게 여기저기 다니면서 샐샐거리고 말이 청산유수라 옛날부터 거부감을 가졌던 일 년 후배를 만났다. 몇 년 전의 거부감은 잊고 반갑게 차 한잔을 마시고 헤어졌다. 몇 달 뒤 옷가게에 갔더니 반가이 맞이하던 아줌마가 헤어질 때 내 손을 잡고 속삭이며 "자네가 그런 말 하고 다녔어도 나는 아무렇지도 않아"라고 했다. 영문을 몰라 어리둥절하다가 대충 끼워 맞춰보니 그 후배가 가게에 와서 내가 아줌마 흉을 보고 다니더라고 했던 것이다. 어떤 흉을 봤다는 건지 구체적으로는 모르지만 나는 깜짝 놀라서 아니라고 손사래를 치고 아줌마는 괜찮다고 했으나 그 후 사이가 서먹해지는 바람에 다시 그 집을 찾을 수가 없었다.

그 아이는 나와 원한을 진 일도 없고 길게 이야기를 나눈 적도 없는데, 자신의 이익을 위해서도 자신을 합리화시키기 위한 것도 아닌 거짓말을 천성적으로 물고 다니며 뜻 없는 거짓말을 한 것이다.

이 일은 살아오면서 내가 하는 행동에 많은 제약을 주었다. 나랑 친한 사람이 어느 날 달라진 모습을 보이면 누군가가 나를 음해하지 않았나 두려웠고, 더 두려운 것은 그 사실을 내가 모른다는 것이었다. 오해의 근거를 준 적도 없는데 오해를 받으면 어떤 커다란 음모의 덫에 걸려든 느낌이다.

10년 전 미국에서 살 때다. 비 오는 어느 날 밤 고속도로에서 빠져나와 신호등 앞에 대기 중이었다. 초록불로 바뀌었지만 차들이 많아 앞으로 나갈 수가 없는데 사정 모르는 뒤차가 계속 빵빵거려 이유를 설명하려고 차에서 내렸다. 뒤차 운전자도 문을 벌컥 열고 내리더니 욕설을 퍼부으며 다짜고짜 내 차 운전석에 올라타 비어 있는 오른쪽 길로 차를 몰기 시작했다. 뒷자리에 타고 있던 아이 둘이 그 사람 목을 잡아당기며 "스톱!"을 외치고, 정신이 나간 나는 짐승처럼 비명을 지르며 차 문을 잡고 같이 달렸다. 주변 운전자들의 도움으로 겨우 차를 세우고 경찰이 와서 마무리가 됐지만, 덩치 큰 백인 남자가 아이들을 태우고 달리던 그때를 생각하면 지금도 소름이 끼친다.

가끔 그 일이 떠올라 이야기를 꺼내면 사람들은 마약중독자, 또라이, 영어가 아깝다는 말들을 하고, 나도 고개를 끄덕였다.

그런데 최근에 악의에 대해 깊이 따져보면서 생각이 바뀌었다. 그 사람에게도 어쩌면 깊은 '악의'가 있지 않았을까. 원한이 있거나 내가 취할 이득이 없어도 사람을 죽이는 사람들에게 이유를 물어보면 언제나 명확한 이유가 있는 것만은 아니다. "그냥 싫어서, 암튼 싫어서……" 그 사람은 급히 가야 할 데가 있어서라거나 알코올중독자나 마약중독자가 아니라, 건방지게 자기 차를 가로막고 있는 동양 여자가 단순히 싫어서였을지 모른다. 어쩌면 같은 피부색의 인종이거나 남자였다면 그 정도의 악의를 갖지 않았을지 모른다.

후배인 그녀가 내게 했던 일 또한 그녀가 습관적인 거짓말쟁이라서가 아니라 오래전부터 내게 가졌던 막연한 악의에서 비롯됐을지도 모른다. 나와 다른 사람에 대한 나의 무관심이 자신에 대한 무시로 여겨질 수 있고, 당시 드물게 지방에서 서울로 대학을 가고 비싼 옷집을 들락거리는 것이 아니꼬울 수도 있지만, 결국 그냥 내가 싫었던 것이다.

질투나 열등의식에서 기인하는 악의는 배움과 학식, 가진 것과는 상관없다. 인간이 악의에 휩싸일 때는 자신이 잃을 것을 두려워하지 않고 치졸하고 비열한 방법으로 표현되기도 한다. 거기에 권력이란 게 끼어들면 악의의 이유는 그럴듯하게 포장된다.

박정희와 전두환이 김대중에게 지속적으로 박해를 가한 이유가 김대중이 가진 정치적인 힘에 대한 두려움 때문이었다면, 김영삼은 단지 '악의'뿐인 것 같아 더욱 거북하다. 노무현 전 대통령이 수사 대상에 올랐을 때도 그런 악의를 진하게 느꼈다. 이미 권력의 자리에서 시민의 한 사람으로 돌아간 전 대통령이 가진 정치 조직이나 앞으로 몰고 올 거대한 힘에 대한 두려움에서가 아니라, 그냥 네가 싫다는 이유로 사람들이 기대했던 도덕성에 상처를 줌으로써 인간적인 모욕을 주고 싶은 게 가장 큰 이유가 아닌가 하는 생각이 든다. 그냥 네가 싫다, 밀짚모자를 쓰고 오리농사를 짓는 것도 싫고, 봉하마을에 밀려드는 국민들에게 둘러싸인 것도 싫고, 암튼 그냥 네가 싫다는 이유로.

> 악의를 눈치 채든 말든
> 상관없는 그들은
> 이제 악의의 명분조차
> 포장하지 않는다

명분을 찾다 보니 성역 없는 비리 조사가 됐을 것이다. 정치, 권력의 속성이라고만 이해하기에는 너무 비열해서 더욱 용서하기가 힘들다. 방법이나 형태는 같지만 한명숙 전 총리에 대한 압박이 지방선거에 대한 포석, 조직의 와해라는 명분 있는 악의라면 노 대통령의 경우는 좀 더 원시적인 악의에서 비롯된 것이고, 권력의 힘을 빌린 악의는 그를 죽음으로까지 몰고 갔다. 그런 악의를 눈치 채든 말든 상관없다고 생각하는 그들은 이제 악의의 명분조차 포장하지 않는다. 방송국 사장, 공공기관장들을 억지로 밀어낸 이유와는 달리 김제동, 손석희,

김미화, 윤도현 등을 밀어낸 이유는 그들이 국민들에게 무서운 영향력을 행사해서라기보다는 '그냥 싫어서'였고, 싫음을 표현하는 데 주저하지 않았던 것이다.

'the last straw'라는 영어 표현이 있다. 사전적인 의미 중 하나가 '아슬아슬하게 견디고 있는 것을 쓰러지게 하는 최후의 사소한 일'이고, 가장 흔한 예문이 'It's the last straw that breaks the camel's back'이다. 즉 낙타의 등을 부러뜨리는 지푸라기라는 뜻이다. 낙타의 등에 지푸라기를 하나씩 올리다 보면 어느 시점에선가 견딜 수 없는 한계에 도달하고 결국 낙타의 등은 부러지게 된다. '최후의 일격이 되는 지푸라기, the last straw!', '임계점, 인내심의 한계', '더 이상 참을 수 없는……'이라고 해석할 수 있다.

명분의 유무에 상관없이 그들의 악의는 낙타 등에 지푸라기를 하나씩 쌓고 있고, 곽노현 교육감을 몰아내려는 시도에서 마지막 지푸라기 하나를 얹었다. 그렇지만 결과는 젊은이들을 투표장에 나오게 만들었고 서울시장이 바뀌었다. 그런데도 그들은 새로운 지푸라기를 쌓기 시작한다. 악의는 적대감으로 변해 반대편은 빨갱이, 빨갱이 편은 해고, 해직, 구속이다. 자신들의 욕망을 실현하는 데 방해되는 것들을 없애기 위해 더욱 단단하게 결속한다.

"잘못 건드렸다. 지푸라기 하나는 남겨놓을걸……" 하는 뼈저린 후회가 들도록 남은 대선에서 힘을 모아야 한다. 지푸라기 하나로 그들의 등이 부러지는 것을 알게 해줘야 한다. 악의로 시작된 일, 국민을 그들의 욕망의 도구로 쓰는 일은 결국 실패한다는 걸 보여줘야 한다. 정말 보여주고 싶다. 수많은 부정과 자격 미달 새누리당 당선자의 버티기, 그것에 대해선 문제 삼지 않으면서 야당의 티끌 잘못은 침소봉대해서 도배하는 언론, 여기저기 터지는 뇌물과 비리 사건의 근원지 청와대, 민간인 불법사찰, 끝이 안 보이는 방송사 파업과 기자들의 해직, 그 와중에 서민들 등쳐먹은 저축은행, 광우병 쇠고기 수입 중단 거짓말, 한일군사정보보호협정 밀약……

악을 쓰고 촛불을 들어도 꿈쩍하지 않는 정부에 절망하고, 게다가 총선에서 다수당 확보에 실패한 후 우린 패배주의에 빠졌다.

인터넷에서 본 그림 하나가 떠오른다. 황새 목구멍에 머리가 걸린 개구리가 사력을 다해 앞발로 황새 목을 조르는 그림. 제목은 'Never ever give up'이다. 큰 소리로 외쳐본다. 도망가지 말기! 숨지 말기! 피하지 말기! 겁내지 말기! 포기하지 말기!

Never ever give up!

'길'은 정말 오줌을 쌌을까?

　주중엔 이쪽저쪽 채널 돌려가며 열심히 드라마를 보는 대한민국 평균 오십대 아줌마, 시끄러운 예능 일색인 주말엔 사는 낙이 절반으로 줄어든다. 그나마 열심히 보았던 프로그램이 〈무한도전〉인데, 방송사 파업으로 몇 달째 휴업 상태이고 외주, 폐지 이야기까지 나오는 상황이다. 재미로만 보다가도 감동과 깨우침까지 얻게 되는 〈무한도전〉에서 지구 환경을 위한 '나비효과' 편, 기발한 아이디어로 독도 경각심을 일깨운 '스피드' 편, 그리고 또 하나 '죄와 길' 편이 가장 인상 깊었다.

'죄와 길' 편의 내용은 출연진의 한 명인 '길'이란 사람이 촬영차 간 숙소에서 술에 취한 채 방에서 오줌을 쌌느냐 안 쌌느냐는 문제로 원고 팀과 피고 팀으로 갈려 모의재판을 하는 것이다. 원고인 '길'은 방뇨를 부정하며 또 자신이 하지도 않은 행위를 당사자의 동의 없이 방송에 공개함으로써 명예를 훼손당했다고 주장한다. 상대방인 피고 쪽은 여러 가지 정황과 증거로 방뇨가 있었음을 확신하고, '길'을 우스운 캐릭터로 만들어 인지도를 높여줬으니 명예훼손도 아니라고 우긴다.

피고 측 증인으로 프로그램의 피디까지 나서서 어둠 속에서 머리카락이 없는 형체가 스탠드를 향해 포물선을 그리며 무언가를 쏘더라고 증언했고, 오줌이 묻었을 거라 추정되는 지갑까지 증거물로 채택됐다. 원고는 오줌을 싼 적이 없다는 구차한 변명으로 설득력 없는 주장만 했고, 그래서 상황은 피고 측에 유리하게 전개된다. 그러다가 어둠 속에서 본 빡빡이 스타일이 꼭 원고라고 확신할 수 없으며 지갑에 묻은 오줌이 원고의 것이라는 증거가 어디 있냐며 반격을 시작한다. "싸지 않았다는 증거를 내놓으라"는 피고 측 주장에, 구원투수로 나온 원고 측 김제동 변호사는 "유죄를 그쪽에서 밝혀야지 이쪽한테 무죄 증거를 내놓으라는 게 말이 되느냐"고 반박한다.

물론 이 프로그램은 정식 재판이 아니고 재판의 형식을 빌려 웃음을 주자는 것이라 말도 안 되는 말싸움이 대부분이다. 낄낄거리며 보면서도 안타까웠던 것은, 오줌을 쌌건 안 쌌건 본인의 동의 없이 방송에서 공개한 피고의 명예훼손 행위가 매우 중한데도, 원고는 가만있다가는 창피를 당할 수밖에 없는 당황스러운 사안이라 오줌을 안 쌌다는 것을 증명하는 데 급급할 수밖에 없는 '상황' 그 자체였다. 더구나 피고 측이 의도적으로 상황을 우스갯거리로 만들며 설전을 이어나가는 바람에 원고 측은 변명 아닌 변명을 하느라 그들의 간교한 명예훼손은 추궁할 겨를도 없었다.

한명숙 전 총리의 재판 과정을 읽으면서 〈무한도전〉의 코미디 재판 광경이 저절로 떠올랐다. 돈을 줬다는 측과 받지 않았다는 측의 싸움에서 준 쪽은 안 받았다는 증거를 대라고 한다. 받지 않았다는 측은 이러저러해서 받지 않았다는, 원래는 할 필요도 없는 구차한 정황 설명과 "나는 그렇게 살아오지 않았다"라는 소신 발언 외에 할 이야기가 없다. 가족들의 해외여행 경비와 아들의 유학 비용을 어떻게 조달했는가를 밝히라는 검사의 발언은 유죄에 대한 증거 없이, 피고에게 무죄임을 밝히라는 코미디 같은 상황이다.

총리공관 서랍에 돈 봉투를 두고 왔다, 안주머니에 돈 봉투를 받아 넣었다, 총리가 운전하고 나가 대로변에서 직접 돈 가방을 받았다 등 말도 안 되는 검찰의 진술은 〈무한도전〉보다 더 우스꽝스러운 코미디다. 판결 전부터 언론에 증명되지 않은 사실을 슬쩍슬쩍 흘리면서 언론 재판을 사주하고, 변호인에겐 수사 자료 제공을 거부하며 '반칙 재판'을 일삼는 검찰. 결국 뇌물을 줬다고 한 증인이 겁박 상태에서 증언했음을 고백했고, 재판 결과는 무죄로 끝났다.

그러나 길은 오줌을 쌌건 안 쌌건 이미 오줌싸개로 이미지가 굳어졌고, 프로그램 성격상 재미있는 캐릭터를 만들려는 설정이었다는 사실을 빼면 설사 무죄로 판명되더라도 연예인으로서 오명을 뒤집어쓴 불명예스런 이미지는 회복하기 힘들다. 진실의 힘이 이겼으니 한 총리는 무죄판결로 오줌싸개, 아니, 뇌물수수 비리 정치인의 이미지를 벗고 청렴한 정치인으로 돌아올 수 있을까?

재판 전에 이미 소설을 쓰고 재판 과정에서는 그리도 소상히 대서특필까지 하던 언론에선, 마치 검사들의 잘못으로 유죄인 피고인이 무죄판결을 받은 것처럼 몰고 가며 검찰의 무능력이라 비난했다. 빈 총에 맞아도 아프다는 사실을 아는 그들이 노린 것은 아마 그것

유죄의 증거 없이 무죄를 밝히라니, 코미디가 따로 없는 세상!

일 것이다. 치고 빠지기, 엮을 수 있으면 다행, 안 돼도 국민들에게 그들을 비리 인사인 양 각인시키는 방법. 정권을 잡자마자 솜씨를 부리기 시작한 정연주 KBS 사장의 배임죄 기소부터 정권이 끝날 때까지 끌고 가는 조현오 전 경찰총장의 노대통령 차명계좌 발언까지 그들이 쓰는 매번 동일한 수법은 헤아리는 짓이 어리석을 정도다.

정치 쪽에 거리를 두고 있던 한 총리를 무리하게 엮어 정치자금법 위반으로 끌고 가려던 의도는 무력하게 손 놓고 있던 민주 세력을 결집시켰고, 같은 방법으로 곽노현 교육감까지 엮으려는 시도에 각성한 젊은 유권자들은 결국 박원순 서울시장을 만들어냈다. 저들의 온

갖 불법와 비리에는 두 눈 꾹 감으면서도 이쪽엔 없는 죄도 만들어낸다. 갖은 죄목으로 기소하고 흠집 내기에 열중하면서 그들은 이것이 이기는 방법이라 여긴다. 그러나 내곡동 사저, 불법사찰, BBK 거짓편지 수사 등 검찰은 그동안 정권과 팔짱을 끼고 앉아 스스로의 신뢰도를 극한으로 떨어뜨렸다. 이제 검찰이 범죄로부터 국민을 지켜내는 게 아니라 검찰로부터 국민을 지켜내야 할 지경이다.

〈무한도전〉 팀은 잘나고 힘 있는 자들이 아니다. 지금은 유명해졌지만, 원래는 이류, B급 멤버들로 시작했다. 평균의, 아니 평균보다 못한 이들의 무한도전이라 더욱 감동적이다. 우리는 정치인도 아니고, 어디서건 튀지 않는 평범한 국민들이다. 두려울 게 없고, 잃을 것도 별로 없다. 오줌을 싸지 않았다는 사실을 증명해야 하는 어처구니없는 세상에 힘없는 자들의 '무한도전'이 시작됐다. 안 될 것 없다.

무~한~도~전~!

대한민국 평균 남자 P씨의 투표하기

　나이 들면서 줄어들었는지 모르지만, 170센티미터의 키에 최근 잦은 음주로 70킬로그램에 가까워지는 몸무게, 세 살 아래의 부지런한 아내와 서울 소재 대학에 다니는 아들 하나와 고등학교 3학년 딸, 팔순 어머니 생존, 집안의 자랑인 두 살 아래 남동생은 증권회사 부장, 큰 여동생은 식당 일, 막내 여동생은 주부로 고만고만하게 밥걱정 하지 않고 사니, 나름 다복하다고 만족하며 큰 요행 바라지 않고 착실하게 사는 P씨는 쉰두 살의 대한민국 평균 중년 남자다.
　공고 졸업 후, 전자계통 2년제 지방 전문대 재학 중에 군필, 대기업 서비스센터에서 십수 년 근무하면서 서울 변두리에 작은 단독주택을 장만했고, 악착같이 모은 돈과 동생에게 맡겨 불린 돈으로 영등포 롯데백화점 옆에 수제화 가게를 낸 게 10년 전이다. 한 달에 두어 번은 가족끼리 통닭집도 가고, 께름칙하지만 싸다는 이유로 미국산 쇠고기도 사양하지 않는 P씨.

양복 입을 일이 별로 없어 진한 색 점퍼를 입고 걸어가다 보면, 앞에 가는 사람이 P씨인지 뒤에 오는 저 사람이 P씨인지 헷갈릴 정도로 평범한 외모에, 사는 것도 생각하는 것도 평범한 아저씨다. 세상 돌아가는 방향에 따라 인생이 크게 바뀌는 것은 아니니, 신문이나 뉴스를 꼬박꼬박 챙겨보는 건 아니지만, 2년제라도 대학물을 먹었고 대기업 근무 경력이 있던 사람으로 어디 가서 무식하단 말은 듣지 않고 자기 의견쯤은 말할 수 있는 언변도 있다.

경기도 출신이라 지방색이 없어, 정치인들과 주변 사람들까지 전라도 경상도 편 갈라 얘기할 때, 좁은 땅덩어리에서 쯧쯧, 혀를 찰 정도이고, 행간까진 못 읽지만 접하는 정보를 나름대로 판단하는 분별력도 있다. 정치에 크게 관심은 없으나 왠지 공짜로 얻은 영화표를 버리는 것처럼 아깝기도 하고, 부여받은 대한민국 국민 자격을 외면하는 것 같아 잠깐이라도 틈을 내 투표장엔 꼭 가는 P씨는, 17대 대선 때는 젊은 혈기가 좋아 보여 노무현을, 18대에는 갑자기 부자가 될 것 같은 들뜬 기분으로 이명박을 찍었고, 서울시장 선거 때는 무상급식을 찬성하는 박원순을 찍었다. P씨에게 특별한 정치노선이나 방향이 있는 건 아니고, 이 정부 들어와서 크게 손해 본 일도 없고 잘되는 일도 없는 무색무취의 사람이다.

세계경제 위기의 원인이 무엇인지 정확히는 모르지만 나라 경제가 안 좋은 것, 장사가 안 되는 것, 끝없이 오르는 물가가 그 영향이라는 생각을 하면서도 노인네 경로당 점심 지원금이 줄어드는 이유가 바로 옆 백화점 매출이 점점 늘어나는 이유와 어떤 관계가 있는지 조금씩 의심이 가는 P씨다. 촛불시위에 나가는 딸을 말리기도 했지만, 재개발 지역에 살았던 경험으로 용산 참사 때는 남의 일 같지 않아 인터넷에 들어가 기사들을 보기도 했다.

노무현 전 대통령 서거 땐 가까운 분향소를 찾기는 했으나, 솔직히 말하면 죽은 사람에 대한 예의였고 특별히 노무현을 좋아해서 간 건 아니다. 검찰들이 말하는 내용이 전부 사실이라고 믿지 않으면서도 뭔가 있나 보다 어렴풋이 생각하던 차에 막상 세상을 떠나니, 한 나라의 대통령이었던 사람의 죽음이 안타까웠을 뿐이다. 아마 조문객 중에는 P씨 같은 사람들도 많았을 것이다.

세종시, 4대강, 무상급식, 부동산 경기, 민간인 사찰…… 사실 수제화 한 켤레라도 더 파는 게 바쁜 P씨에겐 피부에 닿지 않는 문제들이다. 지난 대선에서는 가족 네 명이 쓰는 휴대폰 요금이나 등록금 절반 인하 공약에 솔깃했고, 정치인이 깨끗하리라곤 애초에 기대하지 않았기 때문에 후보자의 능력을 우선으로 여겼다. 그러나 관심이 없어도 보고 듣게 되는 커다란 사건들이 P씨에게 어느 정도 충격을 주었다.

천안함 사고 때는 곧 입대할 아들 생각에 유가족의 마음이 되어 귀를 쫑긋 세워봤으나, 뭔가 감추는 게 있을지도 모른다는 것까지만 짐작할 뿐 전문가마다 다른 설명으로 뭐가 뭔지 모르겠고, 북한의 어뢰 공격이라 해도 안보를 소홀히 하고 젊은 군인들을 죽게 만든 고위 인사들이 큰소리를 치고 훈장을 받는 건 P씨처럼 보통 사람들에겐 이해가 안 가는 일이어서, 피같이 벌어서 낸 세금이 아까워서라도 사람을 잘 뽑아야 한다고 생각했을 뿐이다.

국회의원 선거가 가까워 오면서 상가 사람들끼리 이야기가 오가긴 하지만, 신문이나 방송으로만 정보를 얻는 P씨 같은 사람에겐 누가 누군지도 헷갈린다.

대학 때 운동권이었던 똑똑한 동생은 아버지 제사상을 물린 후, "이 세상에는 끝까지 저항해야 얻을 수 있는 것들이 있다. 평등은 어느 선량한 권력자가 어느 날 아침에 거저 내주는 게 아니다. 민중이 한 발 한 발 나아가며 어렵사리 쟁취한 것이다"*라며 뜬금없이 민중 운운하고, 돈 안 되는 사회학과에 다니는 아들은 "혁명은 운동으로 안 일어나요. 부르주아도 프롤레타리아도 집단이 되면 똑같이 권력을 탐하고 그것을 지키려 안달해요. 개인 단위로 생각할 줄 아는 사람만이 참된 행복과 자유를 손에 넣을 수 있어요. 더 이상 민중에 의한 혁명은 없다고요"**라며 역시 뜬금없는 말을 한다. 돈 들인 보람이 있구나 하며 아들의 유식함에 감탄하는 P씨는 요 며칠간 아들이 손에 들

---

* 오쿠다 히데오, 『남쪽으로 튀어』, 도서출판 은행나무, 2007, 2권 245쪽

** 앞의 책, 1권 327~328쪽

고 다니던 오쿠다 히데오의 『남쪽으로 튀어』에 나오는 '마르크스주의의 패배'에 관한 구절이란 걸 모르고, 투표를 잘해야 한다, 새누리당엔 찍지 마라…… 정도로 알아듣는다.

단지 느낌으로가 아니라 제대로 된 정보와 분석, 판단으로 한 표를 행사해보자고 거창하게 마음먹고 신문, 방송을 열심히 보긴 하지만 P씨에겐 쉬운 일이 아니다. 청탁 뇌물 없는 깨끗한 나라, 아기를 낳기만 하면 보육을 책임져주는 나라, 등록금 걱정 없는 나라, 중소기업 육성책이 활발한 나라, 저소득 가정에 대한 보조가 확실한 나라, 보금자리 주택으로 집 걱정 없는 나라, 다문화 가족이 행복한 나라 등 유난히 많아진 텔레비전 공익광고를 보다 보면 P씨는 일등국가의 행복한 국민이라는 착각을 하게 되고, 식구들과 근처 한강변이라도 가게 되면 깨끗하게 정비되어 있는 서울의 외양에 비해 점점 힘들어지는 살림은 내 팔자이고 내 잘못이라는 생각을 하게 된다.

후보들의 토론이라도 보면 판단에 도움이 될 것 같은데 FTA 반대, 정권 심판 등 손에 잡히지 않는 구호들뿐이고, 몇몇 지역방송 빼고는 당사자는 얼굴도 볼 수 없고, 신문이나 텔레비전 뉴스에서도 후보 개인에 대한 정보보다는 속한 당의 당대표 얼굴만 보여준다. 전철역 앞에서 악수하기, 재래시장 돌기, 잘 들리지도 않는 유세 한두 번으로는 후보에 대해 알 수가 없다. 야권연대로 단일 후보가 되었다는 후보가 상가를 한 번 휘익 지나갔고, 이번엔 조금 쫀 것 같은 여당 후보가, 그리고 국민생각인가 광수생각인가…… 생소한 당에서도 휘리릭. P씨는 실망했다.

유식한 말로 콘텐츠니, 아젠다니 그런 것이 아니라 상대편 후보 한 사람의 잘못이나 실수를 선거기간 내내 끌고 가는 것도 못마땅하다. P씨조차 흥분했던 민간인 사찰과 같은 심각한 문제는 어느새 사라졌고, 새누리당이란 게 한나라당에서 이름만 바뀐 건 줄 알았는데 이명박 대통령에 대해서는 한마디도 안 하니 정말 새로 생긴 당인지 헷갈리기까지 한다. 민주통합당, 통합진보당은 어느 당끼리 합친 건지도 모르겠다. 그래도 조금이나마 알 수 있을까 해서 신문만 열심히 보는데 20년 이상 보고 있는 신문에서 젊은이들 투표를 말리는 듯한 칼럼을 보고, 그 신문의 편향성, 사실 왜곡 등에 대해 잘 모르는 P씨는 살짝 기분까지 나빠지려 했다.

> 자기들만의 리그처럼
> 자기들끼리 환호하고
> 욕해봤자 정작 표를 줄
> 수많은 P씨들은
> 얼떨떨할 뿐

그래도 사람 좋기로 유명한 P씨는 "선거일이 가까워지면 뭔가 나오겠지, 설마 이런 식으로 표를 달라고 하겠어?" 하며, 뉴스 채널을 찾아 리모컨 운전을 한다. 특별한 정치적 의견이 없는 평범한 대한민국 오십대 P씨가 느끼는 이 불편함에 대해 개념이 없어서, 무지해서라고 매도한다면 우리의 P씨는 참으로 억울하다. 후보의 흠피를 찾는다거나, 인터넷 매체에서 정보를 알아낸다거나 하는 사람의 수는 한정적이다. 먹고살기 바쁜 P씨에게, 알아서 정보를 찾아내 타 후보와 정책을 비교하라면 유권자임이 자랑스러운 게 아니라 벗어던지고 싶은 무거운 짐이 될 뿐이다. P씨는 유식하지 않지만 동생과 아들 말을 듣지 않아도 그런 것쯤은 감으로 알고 있다.

이제 혁명은 몇몇 사람의 선동이나, 화염병 드는 운동으로 일어나지 않는다는 것, 개인이 변화하지 않으면 사회의 변화는 없다는 것, 하지만 변화하려 하는 원동력은 어디선가에서 발전기를 돌려줘야 한다는 것, 자기들만의 리그처럼 자기들끼리 기뻐하고 환호하고 욕해봤자 정작 표를 줄 수많은 P씨들은 얼떨떨해하고 있다는 것……

바람과 상관없이 총선이 끝났지만 보통 사람 P씨는 자기가 찍은 후보가 지역구 국회의원이 돼서 마치 자기의 공인 양 으쓱하다. 국회의원이 지역을 위해 뭘 해줄지는 모르겠지만 지금보다 낫겠지 하며 기대를 해본다. 총선이 끝나고 나니 상가에선 다시 누가 대통령이 되는 게 좋은지 말들이 많다. "부모를 흉탄에 잃었으니 얼마나 불쌍하냐, 약속은 잘 지킬 것 같다"와 "아니다, 그 여자는 해본 게 없다, 독재자의 딸이 대통령이 되는 건 우리나라의 수치다, 국정 경험이 있는 ○○○이 믿음직스럽다", "아니다 기업을 투명하게 경영한 ○○○이 참신해 보인다"로 시끄러워진다. 그러다 군대 이야기로 자리가 정리되기도 한다.

솔직히 P씨도 그 사람들에 대해 잘 모른다. 독재정치로 유명했던 전직 대통령의 딸, 참여정부에서 대통령 오른팔이었던 청렴한 변호사 출신, 젊은 애들은 잘 아는 컴퓨터 기업 사장이면서 교수. 그저 신문에서 잠깐씩 나오는 모습과 예능 프로그램에 나와 이야기한 걸 보고 어렴풋이 짐작할 뿐이다.

독재하는 아버지 옆에서 정치란 걸 배운 딸이 과연 부모의 영향에서 벗어날 수 있을까 하는 의문이 들지만 워낙 말을 하지 않으니 도대체 무슨 생각을 품고 있는지 알 수가 없다. 말 많은 사람은 실속 없고 말 없는 사람이 신뢰감을 주긴 하지만 가만 보니 말이 없는 게 아니라 말할 게 없어서 못하는 게 아닌가 하는 생각도 든다. 어떤 질문에도 "싸우자는 겁니까?", "한국말 몰라요?", "병들었어요?"라는 세 마디 말로 대꾸하는 걸 보면 저 사람과는 참 소통하기 힘들겠구나 하는 생각이 들어 혀를 끌끌 차는 P씨다. "어떻게 세운 나라인데" 하는 말에서는 아, 저 사람은 대한민국을 자기 아버지가 만든 나라로 생각하는 구나 하는 생각이 들어 독재시대를 겪은 P씨는 좀 아찔하기까지 했다.

젊은 시절부터 전(前) 대통령과 함께 변호사로 좋은 일을 했다는 것, 청와대 민정수석을 거쳐 이번에 부산에서 국회의원에 당선되었다는 것 정도만 알 뿐 그에 대해서도 잘 모른다. 아들 말로는 조용히 살려다가 전 대통령의 억울한 죽음과 핍박 때문에 정치에 다시 발을 들였다고 한다. 우선 인상이 좋아 그 사람에 대해 알고 싶은 생각이 들어 아들의 책꽂이에 있는 『운명』이라는 책을 읽어본다. P씨가 몰랐거나 잘못 알았던 이야기들을 접하고 잠시 혼란스러웠지만, 깨끗하고 겸손한 사람이라는 판단과 함께 특전사 시절의 사진을 보고, 이번 정부에서 요직을 차지한 군 미필자들이 생각나 더욱 후한 점수를 준다.

컴퓨터라곤 뉴스 보기 정도밖에 못하는 P씨가 세 번째 사람을 알기에는 무리가 있지만, 지난번 서울시장 선거에서 높은 지지율에도 불구하고 다른 후보에게 양보하는 걸 보고 대단한 사람이란 생각이 들었다. 의사에서 기업인을 거쳐 교수라니 능력이야 인정 안 할 수가 없고, 우리나라 젊은이들이 가장 좋아하는 사람이라니 기업정신에 맞게 나라도 깨끗하게 운영할 것 같다. 정치 경험이 없어서 어쩔까 싶기도 하지만, 그동안 안 좋은 정치인을 너무 많이 본 P씨에겐 큰 문제가 되지 않는다.

아직 선거까지 시간이 있지만 P씨는 이번에는 후보들에 대해 제대로 알아 정말 대한민국을 위해 적합한 대통령을 자기 손으로 뽑게 되기를 바란다. 올바른 정보, 나와 연결되는 공약들이 있다면 투표장으로 나설 준비된 유권자 다수인 P씨들이다.

'더 친절한 선거대책본부', '친절한 정책', '친절한 구호', '친절한 소개', 이것이 대한민국 평균 남자 P씨와 그의 친구들이 바라는 것이다.

희망의 볼레로

끈기, 꾸준함, 인내, 악착, 끝장이란 단어와는 거리가 먼 내가 촛불문화제가 시작될 때쯤부터 특별한 일이 없으면 해가 뜨나 비가 오나 양재천을 걸었다. 시간이 되는 대로 아침, 밤 가리지 않고 걸은 덕분에 내 몸의 일부가 되었던 몇 십 병의 와인과 몇 상자의 맥주 등을 태웠다.

두어 달 걷다 보니 시간과 날씨, 그날의 기분에 따라 다른 코스를 택할 수 있을 정도로 산책로의 사정을 잘 알게 되었다. 어느 지점에서 발을 멈추게 하는 좋은 향기가 나는지, 어느 코스가 시원한지, 조용한

곳이 어딘지, 손바닥이다.

가장 아래쪽 붉은빛의 시멘트 길은 흐르는 물과 가장 가까워서 반대 방향으로 건너고 싶을 때는 징검다리만 통통통 뛰어넘으면 되고, 양쪽에 키 큰 잡초가 우거진 길은 냉기가 뿜어져 나와 시원하다. 그렇지만 평탄한 길이라 지루하고, 자전거 타는 사람, 인라인스케이트 타는 사람, 가끔 단체로 마라톤을 하는 사람들까지 북적이기 때문에 부딪치지 않으려면 앞뒤를 잘 살펴야 하는 단점이 있다.

중간 높이의 산책길은 바닥이 우레탄으로 되어 있어 우선 발이 편하고 중간에 오르락내리락해서 지루하지 않지만, 길이 좁아 마주 오는 사람과 가끔씩 어깨를 스치는 성가신 길이기도 하다.

가장 위에 있는 산책길은 키 큰 나무가 그늘을 만들어주는 길이다. 그래서 햇살이 따가운 아침엔 이 길을 걷는데, 주변 아파트와 인접해 있어 직장인과 학생들이 많이 다닌다. 생각 없이 땅만 보고 걷다가 얼마 전에 이 길과 아파트 사이에 숲이 있다는 걸 알았다. 우람한 나무는 아니어도 삼림욕 하는 기분을 느낄 수 있어서 땅바닥이 울퉁불퉁해도 그 숲길을 걷는다.

중간쯤에 작은 동산(해발 30미터?)을 발견하고 며칠 전부터 무장비 등반(?)을 하기 시작했다. 사람들이 다닌 발걸음으로 길은 만들어졌지만 다들 산책로만 이용하기 때문에 이곳엔 아무도 없어서 산 하나를 온통 다 차지한 기분이다. 등산이라곤 해본 적이 없으니 그 정도만 올라가도 헉헉거린다. '정상'에 오른 성취감에 "야호~"라도 외치고 싶지만 나무 위의 다람쥐와 새들이 웃을 것 같아 참는다.

뭐랄까…… 옷을 다 벗은 채 불어오는 바람을 맨살에 맞고 싶은 그런 기분, 나체주의자들의 기분을 어렴풋이나마 공감하게 된다. 내려올 때는 가능하면 반바지와 티셔츠를 걷어 올려 노출 면적을 넓히고 바람에 몸을 맡긴다.

내려오면서 떠오른 생각.

정치란 한적한 산 속에서 이렇게 벗은 몸이 자유롭듯 있는 듯 없는 듯해야 하는 게 아닌가. 가장 아래의 산책로처럼 자전거와 부딪칠 걱정, 앞서가는 사람을 추월하려는 욕심 같은 건 필요 없는 사회, 건너? 말아? 고민하다가도 징검다리가 있어 우회할 수 있는 기회가 있는 사회.

이방인이어서 그쪽 정치에 낄 상황이 되지는 못했지만, 길거나 짧게 독일과 미국, 두 나라에서 살아본 경험에 의하면 두 나라 모두 우리나라처럼 생활 자체가 정치인 나라는 아니었던 것 같다. 그리고 이렇게 정치가 스트레스인 나라도 아니었다. 어떻게 보면 우리나라보다 더 큰 상흔을 갖고 있는 독일에서조차 정치는 전문 정치인의 몫이고 국민은 정치인을 믿는다. 아마 전범 처리를 확실하게 한 결과일 것이다. 미국은 학교에 들어가자

> 정책으로 승부하고 논리로 반박하고 원칙과 상식으로 정치하는 나라, 그런 나라는 이상에 불과한가?

마자 'Pledge of Allegiance(국기에 대한 맹세)'를 암기해야 하는 보수적인 나라, 시민의 역할을 중요시하며 책임과 엄격한 규범을 요구하는 나라라는 인상이 들었다.

두 나라 모두 국민은 보수와 진보 중 자신에게 맞는 정치 성향을 응원하긴 하지만, 한쪽을 음해하거나 권모술수를 부리지 않는다. 사람의 일이라 그들도 뒤에서 워터게이트 같은 일을 벌이긴 하지만, 우리나라에선 예사로 행해지는 그런 스캔들이나 거짓말이 치욕적이고 치명적인 사건이 되는 나라다.

정책으로 승부하고, 논리로 반박하고, 원칙과 상식으로 정치를 하는 나라. 선거는 축제처럼 치르고, 마음에 안 드는 정책엔 시위와 투표로 의사 표시를 해서 언제나 국민이 눈 부릅뜨고 있다는 사실을 상기시켜주는 그런 나라를 꿈꾸는 것은 이상에 불과한가.

온몸에 바람을 맞으며 산에서 내려오는 나의 상상은 길어지고, 집에 와서 컴퓨터를 켜보니 현실은 아래쪽 산책길처럼 피하고 부딪치고 뛰어넘어야 할 장애물들로 가득 차 있다.

정치인이 교통사고가 나면 살아 있다고 외쳐도 분명 거짓말일 것이니 묻어버린다는 농담처럼, 국민의 세금으로 먹여 살리는 정치인들의 기만술을 깨뜨리고 부수기 위해 우리 국민은 또다시 깃발을 드는 현실. 아무것도 걸치지 않은 자유로움을 줄 정치는 언제쯤 우리 앞에 펼쳐질까. 어느 정도 초를 태우고 목청을 높여야 맨살에 부딪치는 바람처럼 기분 좋은 정치 안에 살게 될까. 바람……

처음 집회에 참가할 때는 모차르트의 음악을 듣는 것처럼 발랄하고 경쾌했다. 재치 있는 이벤트와 평화로운 촛불들의 일렁임. 촛불의 힘을 의심치 않았고, 우리는 하나라는 일체감에 마치 소풍 가는 아이처럼 설레기도 했다. 물대포와 방망이가 등장할 땐 베토벤과 파가니니의 바이올린 협주곡처럼 걱정과 애증과 절망이 뒤섞인, 광야에 선 히스클리프처럼 포효하는 열정이 있었고, 이 정도면 뭔가 바뀌겠지, 하는 희망도 있었다.

국민들의 정당한 요구에 귀 기울인다는 태도는 잠시, 불리한 고스톱 판 국방색 담요 끝자락 잡고 가볍게 뒤집어버리듯 간단하게 합법과 불법의 경계를 허물어뜨리고, 법치라는 녹슨 칼을 휘두르며 국민을 위협한다. 내 집에 흙 묻은 신발로 들어오는 떼강도에 대항할 수 없는 무력감, 신고조차도 소용없는 무정부 상태, 누구에게도 보호받지 못하는 외로움에 분노라는 감정은 희미해지고 악다구니엔 힘이 빠져나갔다. 끝까지 가보라지…… 공기업, 의료보험 민영화, 고환율, 언론 장악, 다시 대운하, 재개발, 재건축. 고물가로 못살겠다는 비명이 밑바닥부터 올라올 때까지 쭈욱 가보는 거야. 분노를 쌓기보단 흥! 코웃음으로…… 냉소적인 관망과 함께. 그렇지만 내 스스로 동력이 떨어져가는 걸 서서히 느끼기 시작했다.

이 상태에서 글쓰기는 한가로운 꽃놀이, 가식 같아 차라리 머릿속을 비워두는데, 한참을 그렇게 공동 상태로 두다 보니 머릿속에서, 가슴속에서 라벨의 〈볼레로〉가 리드미컬하게 조금씩 커져간다. 한 번 정권을 빼앗겨본 저들로서는 더욱 교활하고 악랄하게 압박할 거라는 우려에서 그만큼 영악해지고 학습되고 더욱 많은 정보력을 가진 건 우리라는 생각으로 서서히 바뀌어가고, 〈볼레로〉의 리듬은 점점 심장의 박동과 함께 커져간다.

옛날처럼 대학생들이 일어서진 않지만 남자들보다 더 용감한 젊은 주부들, 어린 학생들까지도 정보를 알 수 있는 세상, 아무리 막아도 진실을 감출 순 없다. 생활 깊숙이 뿌리 내린 불매운동, 특정 계층에 한정되었던 민주운동이라는 것이 이제는 남녀노소 모두의 것이 되었다. 촛불의 힘을 믿고 있다가 설마 하며 당한 많은 것들, 조금씩 정비되어가는 전열의 움직임을 듣는다. 뒷짐 지고 있던 정치인들의 기지개 켜는 소리가 들리고, 모르고 당했던 사람들의 깨달음과 저항의 움직임이 조금씩 커진다.

직장 생활 열심히 하며 블로그질이나 했던 평범한 사람들이 전사가 되고, 어쩌다 시위대에 끌려갔던 사람들이 글래디에이터가 된다. 평범한 동네 웅변학원 원장이 언론주권 수호를 위해 직장을

● ● ●

*내 희망의 근거는
어둠이 짙어지는 만큼
새벽은
빨리 오리라는 믿음이다*

폐하고 본격적으로 거리로 뛰어나오고, 단순히 컴퓨터와 카메라 가지고 노는 걸 좋아했던 사람들이 시민의 눈이 되고, 알뜰하게 살림하면

서 애들 잘 키우는 것밖에 몰랐던, 조금은 이기적이던 주부들이 미국산 쇠고기 하나로 세상에 눈을 뜨게 된, 과거와는 다른 세상이다. 필요한 곳에는 순식간에 몇 천만 원의 후원금이 모인다. 간첩사건에는 내용을 들어볼 것도 없이 아직도 그런 유치한 짓을? 하는 사람들이 더 많아졌다.

    내 희망의 근거는 어둠이 점점 짙어지는 만큼 새벽이 빨리 올 거라는 믿음, 결국 그들이 쌓은 업은 더욱 강한 부메랑이 되어 그들을 향해 날아갈 것이라는 확신, 그리고 세상은 그렇게 호락호락하지 않다는 경험이다. 우리보다 문화 수준이 낮은 나라의 무지하고 약한 국민들도 결국 목숨을 내걸고 힘센 자들에게 저항하지 않던가.

    국민은, 대중은 어리석지도 약하지도 않다. 정권의 갑작스런 반격에 움츠러든 것 같지만, 누르면 그만큼 튕겨 나오는 것이 민심이다. 나처럼 아무것도 모르는 중년의 아낙도 아는 이치를 그들은 왜 모를까. 잘살게 해주겠다는 말에 속은 사람들도 결국 알게 된다. 조중동의 왜곡 보도 실상을 아는 사람들은 날이 갈수록 늘어갈 것이다. 숨어 있던 진보 세력이 하나둘씩 나올 것이고, 그리고 우리에겐 정의라는 힘이 있다. 나라를 다 팔아먹어도 국민은 남는다. 끝까지 남은 국민들이 그들을 심판할 것이다. 이번엔, 좋은 게 좋은 거지, 라며 성격 좋은 양 말하는 사람까지 심판받아야 한다.

평균수명 늘어난 게 반길 일만은 아니었는데 다행이다. 싸울 시간도 넉넉하고 그들이 쇠락하는 걸 보며 즐길 시간도 넉넉해서 좋다. 가슴이 뛴다. 누구라도 마주치면 "하이~!" 손짓하고 싶어진다. 점점 커지는 〈볼레로〉의 강약 중강 약……

영화 〈사랑과 슬픔의 볼레로〉의 마지막 장면. 상체를 벗은 남자 무용수의 아름다운 움직임이 내 눈앞에 펼쳐진다. 날개처럼 팔을 뻗고 사자의 갈기 같은 머리카락을 휘날리며 음악에 맞춰 점점 몸짓이 커진다. 작은 몸짓으로 동조만 하고 있던 주변의 무용수들이 다 함께 움직이며 중심을 향해 모인다. '사랑과 슬픔의 볼레로'가 아닌 '사랑과 희망의 볼레로'이다. 그리고,

바람이 없어도 좋아……
바람이 되어 우리가 가는 거야……

큰 배를 짓고
선장을 구하러

일 년에 몇 번 보는 친목 그룹의 여자들은 나에게 묻는다. "이사 안 해?" 사는 데 큰 불편이 없는 이상, 이사라는 큰일은 게으른 나에 겐 생각도 못할 일이라 10년 이상 같은 집에서 살아왔고, 들어오면서 수도꼭지 하나도 발품 팔아 새로 고친 '내 집'이라 이 집에 남이 사는 걸 상상할 수도 없다. 무엇보다도 집을 사고팔고, 부동산 시장을 알아보는 데 미리 겁이 난다.

그 여자들은 길지 않은 기간 동안 여러 번 집과 동네를 바꿨다. 자연스럽게 좋은 동네로, 더 넓은 집으로 옮겨갔고, 집도 몇 채로 늘어났다. 그러니 넓지 않은 집에서 진득하게 사는 우리가 답답하기도 할 것이다. 그런 말을 듣다 보면 남편의 눈치가 살짝 보이기도 했다. 남들은 능력 있는 와이프 덕분에 부자가 되었는데, 있는 돈도 못 모으고 까먹는 재주만 가진 내가 미안하기도 했고, 그런 나를 원망이나 하지 않을까, 염려도 됐다.

다행히 남편은 어차피 자기 와이프는 재주 없는 사람이라고 포기하기도 하고, 그런 재산 증식이 앞으로 장애가 될 수 있다고 생각하기도 하고, 본인 또한 재주가 없는 사람이라 "그건 옳지 않은 일이다"라며 합리화한다.

몇 년 전까진 남자, 여자 나누어 앉은 모임 자리에서 여자들 쪽의 화제는 애들 교육문제(라기보다는 사교육에 관한 정보), 그다음엔 세금 줄여서 집 사고 파는 방법 등의 정보 나누기가 대부분이었다. 두 가지 다 내 관심 분야와는 다른 주제라 앞에 나오는 음식만 부지런히 먹는 수밖에 없었다.

뉴타운 어디에 집을 샀네, 평창, 파주 어디에 땅을 사서 얼마를 벌었네 하는 소릴 듣다 보면 열심히 일하는 우리가 바보인 것 같았다. '좁쌀이 몇 천 번 구르면 뭐하느냐고~ 호박이 한 번 구르는 게 낫지'라는 생각과 동시에 자괴감, 박탈감까지 든 적도 있었다. 안 듣는 척 살짝 귀를 열고 정보를 얻어듣기도 한다.

하지만 비정상적인 방법으로 집을 키우고 재산을 늘리기엔 자존심이 허락하지 않는다. 그래서 우린 '가난'하다. 부모님이 사주신 아파트는 저절로 가격이 올랐을 뿐이고, 땅이라곤 한 평도 사본 적이 없다. 이러는 우리가 주변에선 비정상적이다.

어찌 보면 뉴타운의 집이나 땅을 사는 사람들도 그만큼의 정보를 수집하려고 열심히 발품을 팔았을 것이고 실패도 맛봤을 것이다. 그들도 이 정도 누릴 만큼 노력했다고 항변할 것이다. 되레 우리가 무능력하다고, 무능력을 청렴으로 위장한다고 손가락질할지도 모른다.

최근에 읽은 중국 작가 류전윈의 『닭털 같은 나날』 중에 나오는 이야기. 자존심 강하고 바른 생각을 가진 부부가 아이를 들어가기 힘든 유치원에 보내기 위해, 그리고 직장 일로 남에게 부탁을 하고 부탁을 받는 과정에서, 작은 뇌물을 주고받는 '소시민'으로 타락해가는 모습을 그린 내용이다. 보통 사람들의 고단하고 쓸쓸한 일상에 관한 이야기를 읽으며 절로 고개를 끄덕이게 되었다.

아마 많은 사람들이 그렇게 작은 일에서부터 시작했을 것이다. 살아가는 중에 선물이 뇌물로 변질되기도 하고, 재산을 늘리는 과정에서 비합법적인 방법이 훨씬 쉽고 유리하다는 걸 체득하면서 세상 사는 쉬운 방법을 알게 된다. 양심을 지킨다는 것은 손해 보는 일, 어리석은 일이 된다. 이젠 양심 따위는 아예 선반 위에 고이 모셔두고, 그 자리를 돈과 명예와 권력을 향한 탐욕으로 채운다. 그렇게 도덕성은 실종되고 옳고 그름의 경계는 사라진다.

문제는 그렇게 국민들이 도덕적으로 해이해지는 데 정치인들이

나 사회지도자층의 부도덕성이 눈 밝은 향도가 된다는 것이다. 잘못을 나무라고 스스로 모범이 되어야 할 사람들이 앞장서서 범법을 저지르는데도 그것이 능력으로 비춰지며 그렇게 하지 않는 사람은 무능력자가 되는 사회, "양극화는 시대의 트렌드"가 되고, "부자들이 내는 세금은 고소득층에 대한 대못"이라고 한 나라의 장관이라는 사람이 당당하게 외치면, "옳소!" 하고 박수 치는 사회, 소수의 부자들을 위한 사회다.

> 빠르게 실종된 가치와 도덕을 되찾기 위해, 새롭게 앞으로 나아가기 위해 우리가 원하는 방향으로 키를 돌릴 선장이 필요하다

원칙과 반칙, 합법과 불법의 경계를 모르는 이들은 자신이 하는 일이 왜 이렇게 비난받는지도 모르는 듯하다. 내 돈으로 내 땅 사는 게 왜 불법이고, 내 자식 좋은 학교 보내려는 교육열이 왜 비양심적이라는 건지 억울해한다. 자기가 하나를 얻기 위해 다른 사람의 하나를 뺏어온다는 사실을 외면하고, 뺏긴 놈이 바보라고 생각한다.

정당하게 돈을 버는 과정보다 통장에 쌓인 돈의 액수가 중요하고, "땅을 사랑하고", 서로의 비리는 감춰주고 숨겨주는 것이 선이니, 이들에게 도덕성이니 정치인의 윤리니 하고 떠드는 일은 입만 아프고 힘만 빠지는 일이다. 교훈, 가치, 도리, 순리, 공정, 준법, 보편적 이상…… 원칙과 상식이 다른 사람들에게 설득은 힘겹다. 없는 것들이 입만 살았다고 할 것이다.

빠른 속도로 실종된 가치와 도덕을 되찾는 일이 가능이나 할까? 어쩌면 부패한 그들을 배에 전부 실어 바다에 한꺼번에 빠뜨리는 게 더 쉬울지도 모른다. 그들을 다 실을 만큼 큰 배에 악취 덩어리들을 실어 날라줄 선장, 그리고 우리에게 새로운 바람을 몰고 올 선장을 찾는 일이 급하다. 거센 파도와 험한 풍랑을 헤쳐갈 수 있는 믿음직하고 경험이 풍부한 선장. 우리가 원하는 방향으로 키를 돌릴 선장이 필요하다. 선장을 구할 때까지 큰 배를 지으며 기다려야 한다.

배를 짓는 일. 누군가는 촛불을 들고, 누군가는 단식을 하고, 누군가는 주먹밥을 만들고, 누군가는 구호를 외치고, 누군가는 격문을 쓰고, 누군가는 후원금을 내는 일이다.

나에겐…… 글을 쓰는 일이라…… 생각하고 싶다.

INTERVIEW

강남좌파 1호 논객,
'강남아줌마'

🎤 with 고재열_『시사in』 기자(2008. 9)

"더불어 사는 삶, 소수 약자를 배려하는 사회,
교육과 의료 등 기본 서비스에서 차별받지 않는
사회를 꿈꾸는 게 좌파이고 빨갱이일까?"

진부한 표현이지만, 그녀는 말 그대로 혜성처럼 등장했다. 토론 사이트 〈서프라이즈〉에 강영란 씨가 '강남아줌마'라는 필명으로 글을 처음 올린 것은 2008년 5월 7일. 촛불 정국이 막 타오르기 시작한 때였다.

평소 "외제차와 명품 핸드백 가격을 관심 있게 보는 강남 속물"이지만, 거짓말을 일삼는 대통령에 질려 급기야 대학생인 아들에게 "행동하는 신앙! 일곱 시에 청계천으로 가라. 엄마는 토요일에 뜬다"(강 씨는 기독교인이다)라는 문자 메시지를 보냈다는 사연으로 시작되는 강 씨의 글은 게시되자마자 뜨거운 관심을 불러일으켰다.

그 뒤 일주일에 두세 번꼴로 올린 글의 조회 수가 보통 5천 회를 넘겼으니 신인 논객치고는 '대박'을 터뜨린 셈이다. 인기가 워낙 폭발적으로 치솟자 개중에는 이 글을 진짜 강남 사람이 올린 거냐, 의심하는 이도 있었다.

직접 만나본 강 씨는 순도 백퍼센트 '강남아줌마'였다. 나이가 믿기지 않을 만큼 피부가 고왔고 옷맵시 또한 날렵했다. 강 씨는 스스로를 '공주처럼 자랐다'라고 소개했다. 박정희 전 대통령을 하나님으로 생각하는 부친, 온갖 관변단체 장(長)을 도맡는 모친 아래 유복한 집 막내딸로 성장했다는 것이다.

서울로 유학을 온 뒤 5·18이 터졌다는 얘기를 듣고도 고향(광주) 가는 길이 막혔다는 사실에 답답해할 뿐 명동에서 구두 골목이나 뒤지며 신나게 놀던 '속없는 여대생'이 조금이나마 변한 것은 결혼 이후였다. 남편 유학으로 인해 갔던 독일에서 송두율 교수, 소설가 황석영 씨 등을 만나며 광주의 실상을 알게 된 강 씨는 스스로가 얼마나 무지하고 속물적으로 살아왔는지 그때 처음 깨달았다고 한다.

그러나 딱 거기까지였다. 한국에 돌아온 그녀는 쇼핑하고 아이 교육에 신경 쓰는 평범한 강남 주부의 일상으로 돌아갔다. 불합리한 사회에 대한 문제의식은 마음 한편에 늘 있었으되, 그녀의 저항은 대선에서 한나라당 후보가 아닌 다른 후보를 찍는 것 정도에 그쳤다.

그런데 지난 봄 이후 모든 것이 변했다. 이른바 쇠고기 정국에 대처하는 이명박 대통령의 자세가 "얌전히 담긴 휘발유통에 성냥개비를 던진 격"이었다고 강 씨는 말한다. 처음엔 우리 일상에 가장 중요한 먹을거리에 관한 문제라 관심을 갖게 됐지만 이어진 대통령의 거짓말과 정부 대책을 보면서 타들어가는 분노를 느끼게 됐다는 것이다.

일단 글을 쓰려고 마음먹은 이상 그녀는 내부 고발도 서슴지 않는다. 그녀가 속해 있는 강남 커뮤니티의 탐욕과 무지를 거침없이 까발린 것이다. 그녀에게 이웃들은 "종부세 때문에 현 대통령을 찍은 사람들"이며, 이런 자기의 선택을 합리화하기 위해 대통령의 뻔한 거짓말마저 미화하는 사람들이다. "자기의 안위만을 걱정하고, 타인에 대한 배려라고는 눈곱만치도 없는" 이들을 보며 강 씨는 혐오감을 넘어 두려움마저 느낀다고 고백한다.

단, 그럼에도 강 씨는 강남을 고립시켜서는 안 된다고 믿는다. 진보의 지역적, 계급적 외연을 확장하기 위해서는 강남 또한 끌어안아야 한다는 것이다. 이를 위해 강 씨는, 강남 또한 사람 사는 곳이고 어찌 보면 "생각보다 별 볼 일 없는 동네"임을 알리고 싶다고 말했다.

그가 '강남아줌마'라는 필명을 고수하는 것도 이 때문이다. 과격한 구호에 싫증난 사람들을 상대로 한 '부드러운 선동질'이 장기라는 강 씨는 그녀의 글이 그녀와 같은 처지에 있는 누군가에게 터닝 포인트가 되기를 소망한다. 그녀와 두 번에 걸쳐서 이메일로 인터뷰를 했다.

🎤 '강남아줌마'라는 닉네임을 쓰게 된 이유는 무엇입니까?

처음엔 게시판에서 아는 분께 누구임을 은밀히 밝히기 위해 썼는데, 많은 분들이 거부감을 나타내셔서 바꾸려고도 생각했습니다. 하지만 좀 더 생각해보니 강남이라는 상징성이 부의 편중, 이기심, 무개념이라면 그렇지 않은 사람도 있다는 거, 생각보다 별 볼 일 없는 동네라는 것을 '좌파' 사이트에서 강남아줌마라는 닉으로 글을 씀으로써 보여줄 수 있겠다, 라는 생각에서 이 닉을 고수하게 됐고, 〈서프라이즈〉의 지역적, 계급적(혹시 그렇게 생각한다면) 확장의 상징으로 생각한다면 건방지다고 하실까요?

🎙 '극적인 데뷔'가 궁금합니다. 처음 글을 올리게 된 그 시점에 (이전에 이런 활동을 거의 안 하셨던 것 같은데) 어떤 계기로 시작하셨는지……

'극적인'이라는 건 없고요. 오륙 년 전에 노무현 전 대통령이 탄핵 위기에 처했을 때 촛불집회에 참석하고 청와대 앞에 노란 리본을 달러 다니면서 아는 분의 소개로 〈서프라이즈〉를 알게 되었습니다.

그때 몇 번 글을 쓰다가 작은 일을 시작하면서 관심이 옅어졌는데, 이명박 정부가 들어서면서 다시 찾았고 그러다 글을 하나씩 써 본 것이 이렇게 본격적으로 쓰게 될 줄은 몰랐습니다. 이명박 정부의 공이죠.

🎙 촛불집회가 계기가 되었다면, 이전의 본인의 주 관심사는 무엇이었는지, 어떤 사람인지 궁금합니다.

제가 쓴 글 「나를 너희 편에 서게 하라」에 밝힌 적이 있는데, 저는 시골에서 자식 넷을 서울에 있는 대학에 보낼 만큼의 집안의 막내로 자랐고, 막내딸을 공주처럼 키우고 싶어 하신 부모님의 뜻과 뒷받침으로 유명 브랜드 옷에 명동의 구두 골목이나 뒤지는 사람이었습니다. 80년대 데모 때도 이슈가 뭔지, 학생들이 뭐 하러 위험한 일을 하는지 관심조차 없었지요.

선친은 박정희가 하나님인 줄 아시고, 어머니는 아직도 시사월간지나 신문을 꼼꼼히 읽으시는, 젊으셨을 땐 관변 단체장을 하시기도 했고, 큰오빠는 권력기관에 근무, 언니는 광신일 정도로 기독교인입니다.

아버지 쪽은 기독교, 어머니 쪽은 천주교, 그런 집안에서 자라 자연스럽게 보수주의자여야 하는데, 의식 있는 남자와 결혼을 하고 독일에서 유학을 하면서 잘못된 사회에 눈을 뜨게 됐습니다.

당시 독일 유학생들은 상당히 진보적이었고, 주변에 운동권에 있다가 오신 분들도 많아 만남 자체가 정치적 토론장이었습니다. 소설가 황석영, 이영희 교수님. 송두율 교수님…… 다 독일에서 뵌 분들입니다.

그쪽이 고향임에도 광주민주화운동의 실상에 대해 처음 알았는데, 그때부터 세상에 눈을 뜬 겁니다. 그런 면에서 지진아이고, 마음속에 채무감을 갖고 있었지만 거기까진 이론적인 것이었고 아무 일도 한 것이 없습니다.

한국에 돌아와 실제로 부딪히고 경험하면서 우리 사회가 불합리하고, 바른 사회가 아니라는 생각이 점점 커진 것 같습니다. 그래도 딱히 제가 나설 일도 없었는데, 촛불집회를 계기로 불이 붙은 거라고 할까요.

가장 중요한 먹을거리에 대한 이슈였고, 그러한 결과가 되기까지 선명하지 못한 과정과 그 후 정부의 대책, 거짓말에 실망하고 분노했습니다. 그래도 만일 촛불집회가 폭력적이었다면 엄두를 못 냈을 것입니다. 축제처럼, 소풍처럼, 놀이처럼 참가했는데 유모차 부대까지 체포한다는 기사에 떨어졌던 동력이 다시 살아나는 것 같습니다.

🎤 글을 통해 사람들에게 무엇을 전하고 싶으신지?

　　글을 쓴다는 것은 저 자신과의 소통이라 뭘 전하고 싶다는 것보다는 제 이야기를 하고 싶었는데, 문학 카페도 아니고 정치 토론 웹진에서 글을 쓰다 보니, 뭔가 제가 할 일, 방향성을 정해야겠다는 생각을 했습니다.
　　정치나 전문 분야에 높은 식견을 가진 논객들 사이에서 저처럼 정치 쪽으로 아는 것이 없고 감성적인 글쓰기를 했던 사람이 할 수 있는 일은 과격한 구호에 싫증난 사람들, 아직 이명박 정부의 실상에 대해 모르는 사람들, 그리고 위로받고 싶은 사람들을 위해 따뜻한 색으로 '부드러운 선동질'을 하는 것이라 생각했는데, 저도 시간이 지나면서 조금씩 과격해지는 것 같아 자주 저를 점검하곤 합니다.

🎤 글을 쓰는 것 외에 다른 활동을 하시고 계신지, 하실 계획이 있으신지?

아뇨. 지금 작은 사업 하나 하고 입시생인 딸아이 신경 쓰는 것만으로도 벅찹니다. 성격상 앞에 나선다거나, 깃발을 흔드는 일은 못합니다. 컴퓨터 앞에 앉아서 말만 앞서는 것, 어쩌면 가장 비겁한 행위일지도 모른다는 생각이 들어서 가끔 뭔가를 주장하려다가도 침묵하고 마는데 제 글로 하루를 즐겁게 보냈다는 분들의 격려에 억지로 힘을 냅니다.

🎤 이명박 정부에 대해서 어떻게 생각하시는지?

휴…… 세세히 말하자면 밤을 새워도 부족할 텐데요. 근본적으로 정치철학 내지는 국민에 대한 통치철학이 없는 졸속정부, 국민의 안위엔 별 관심이 없고 그때그때 위기만 모면하려는 거짓말 정부…… 그래서 신뢰할 수 없는 정부입니다.

한마디로 부자들을 위한 정부라는 데 대해선 이견이 없을 거라 생각되는데, 그쪽의 표로 정권을 잡았으니 그들에게 감세 선물을 주어야 한다는 그들의 논리에 분노합니다. 언론 장악 시도, 종교 편향, 과도한 진압, 일관성 없는 정책, 노무현 정부 흠집 내기, 아이들을 전쟁터에 내모는 교육 정책 등은 반드시 바로잡아야 하고 특히 친일

파가 대다수인 뉴라이트의 힘을 등에 업고 역사를 왜곡하려는 만행은 국민들이 눈 부릅뜨고 지켜볼 겁니다.

🎙 이명박 정부의 가장 큰 문제점은, 가장 문제 인물은 누구라고 생각하시는지?

가장 큰 문제점은 정직하지 않은 것이고, 국가와 국민을 개인 소유물로 생각하고 완전히 뒤집어엎으려는 발상에서 나오는 언행과 정책들입니다. 그래서 국민들의 동감을 얻지 못하는 것이고, 국민을 존중한다면 그럴 수가 없지요. 그중에 꼭대기는 역시 수장인 이명박 대통령이고, 방통위 최시중, 형인 이상득 의원이라고 생각합니다. 어느 조직이든 수장의 철학에 따라 움직이는데, 자기편이 아니면 다 잘라버리는 이 정권의 성격대로 주변엔 입에 단 말만 하는 사람들로 채워져 있고 바른 말을 하기보단 앞장서서 아부하는 사람들로 인의 장막이 쳐지고 있습니다.

🎙 경제적인 이해관계로만 따져보면 이명박 정부가 펴는 정책이 이로울 텐데, 왜 비판적인 입장을 갖고 계신지?

어설픈 정의감으로 볼 수도 있는데…… 그래도 이건 안 된다, 하는…… 밤길에 누가 린치 당하는 걸 봤을 때 끼어들면 한 대라도 맞게 되는데 차마 그냥 갈 수 없는 그런…… 옆에서 굶고 있는 사람이 있는데 혼자 배불리 먹는 게 죄스러운 마음…… 휴머니즘이라고 하는 게 가장 맞을 것 같습니다. 이명박 정부는 너무 인간적이 아니잖아요?

🎤 혹시 주변 분들 중에서 형편이 좋음에도 불구하고 본인처럼 이명박 정부에 비판적인 분이 있으신지?

글로 통하는 두어 분 빼고선 드뭅니다. 그래서 모임이 있는 날이면 스트레스를 받곤 합니다. 종부세 때문에 이명박 정부에 환호하고 모든 것을 미화해서 보려는 사람들과 아예 노무현은 좌파, 빨갱이로 분류하면서 건강한 사회의식을 갖고 있는 것처럼 행동하는 사람들과 시간을 보낸다는 건 도를 닦는 일입니다.

🎤 촛불집회 영향을 받고 변하신 분이 있는지?

제 경우엔 생각은 있으나 계기가 없었는데, 얌전히 담겨진 휘발유통에 성냥개비를 던진 셈이 되었지만, 제 주변에선 환경도 그렇고 나이도 있으니까 촛불집회 나가는 걸 철딱서니 없는 짓이라는 시선으로 보는 편입니다.

직장에서 젊은 분들을 보면 촛불집회가 도화선이 되어 변하신 분들이 꽤 많습니다. 처음엔 미국산 쇠고기 수입이라는 비교적 무겁지 않은 이슈인데다 집회 자체도 흥겹게 시작해서 가벼운 마음으로 참석했다가 조금씩 많은 부분을 알게 되면서 교육과 관련이 없는 나이인데도 교육감 선거에 열심이고, 종교 편향이, 환율이 어쩌고…… 그동안 관심 없던 부분까지 이야기하는 것을 많이 봅니다. 이십대 아가씨들이 경찰청장 이름을 알고, 물가와 환율과의 관계에 대해 얘기하는 걸 보면 이 정부가 국민들 공부 제대로 시키는구나 하는 생각이 듭니다.

🎤 '강남좌파'라는 개념이 성립하는 개념이라고 보시는지?

글쎄요. 좌파라는 개념이 외국과는 다른 것 같습니다. 빨갱이 좌파라고 불린 김대중, 노무현 대통령의 경우에도 외국에 비교하면 우파 쪽입니다. 우리나라에서는 조금만 진보적인 생각을 해도 좌파로 묶어버리는데 더불어 사는 삶, 소수 약자를 배려하는 사회, 교육과 의료 등 기본 서비스에서 차별받지 않는 시스템이 정착된 사회를 꿈꾸는 게 좌파이고 빨갱이일까요?

지난번 서울시 교육감 선거에서 강남에서 나온 몰표에 대해 분노하시는 분들이 많습니다. 하지만 반대표를 찍으신 분들도 많다는 데 주목하셔야 합니다. 어디에나 있는 물질적이고 속물적인 분들이 강남에 몰려 있다는 말에 대해선 동감합니다만 그렇게 한꺼번에 매도해서는 안 됩니다.

진보도 다른 계층에선 너희들 것도 나누어달라, 라고 한다면 강남에선 우리 것도 나누어 더불어 살자, 라는 휴머니즘에 기초한 진보 쪽일 것 같습니다. 자신에 대한 반성일 수도 있고요. 미국의 재벌들이 감세정책에 반대했던 것처럼 강남 부자들도 이번 종부세에 반기를 들어야 하는데, 아직 거기까진 아닌 것 같습니다.

하지만 강남공화국으로 따로 묶는다면 강남은 더욱 이기적인 외딴 섬으로 도도하게 살아갈 것입니다. 강남역, 대치동에서 작은 촛불집회를 하거나 강남 구민을 위한 진보매체, 야당들의 신선한 정책 등 강남의 진보 세력을 결집시킬 장이 필요합니다.

🎤 우리나라 보수 세력의 문제점은 무엇이라고 보시는지?

우리나라 보수 세력은 원래 보수의 건강한 개념과 완전히 다릅니다. 보수 하면 가장 먼저 떠오르는 단어가 이기심, 부패, 도덕성 상실입니다. 그들만의 부패나 도덕성 상실로 끝나는 게 아니라 문제는 국민까지 공범으로 만든다는 데 있습니다.

자신과 주변의 이익을 도모하기 위해 펼치는 부동산 정책으로 전 국민은 땅 투기 열풍에 휩싸이는데 그게 나쁜 짓이라는 걸 모르는 도덕 불감증에 걸렸습니다. 강부자 내각으로 시끄러울 때 땅을 사랑해서, 라는 핑계를 댈 정도로 소위 지도자란 사람들의 비도덕성은 국민들에게도 전염됩니다. 개같이 벌어서 정승처럼 쓰자는 속담이 현실이 되겠지요.

돈이 최고의 가치가 되고, 최고의 선이 되는 사회를 만드는 게 보수 세력입니다. 가난한 사람이 사는 임대아파트는 강남에 들어오면 안 된다는 야만적인 논리가 통하는 게 보수 세력이지요. 자신의 안위와 이익만을 추구하기 때문에 타인에 대한 배려, 소수 약자에 대한 연민쯤은 인간이 가지는 하위 감정으로 생각할 겁니다.

🎙 보수 세력도 스펙트럼이 다양한데, 각 세력에게 어떤 생각을 갖고 계신지?

저도 이번에 공부를 좀 했는데요. 우리나라의 보수 세력 중 가장 질이 나쁜 부류는 이념적, 사상적 보수가 아니라 경제적 보수주의자들인 것 같습니다. 그들의 선봉에 서 있는 사람들은 한국판 신자유주의자들입니다. 경제 인텔리로 자처하는 청와대와 내각의 경제담당 관료들, 조중동에 칼럼을 써대며 뒷받침하고 있는 어설픈 소장 경제학자들, 그리고 그들에게 떡고물 프로젝트를 제공해주는 경제단체들로 구성된 집단일 것입니다.

미국 경제의 상징, 신자유주의의 상징이었던 투자은행이 거덜나는 것을 보면서도 신자유주의 경제정책에서 한 걸음도 물러서지 못하는데 미국식 신자유주의를 베끼고 칭송만 하다가 이제 물러서

기 힘들겠지요. 그 말은 우리나라 신자유주의자들은 그나마도 실력 없는 가짜라는 것입니다. 그러니 그들이 끌고 가는 정책은 모순덩어리일 수밖에 없습니다.

정부의 역할은 최소화하고 시장은 자율 경쟁체제여야 할 텐데, 정부가 최대한 간섭하고, 인위적인 부양 정책을 쓰고, 이런저런 이유를 갖다 대도 결국 소수의 건설업자나 부자들을 위한 정책이라는 것이 저처럼 경제 문외한에게도 보이거든요. 가짜에 실력이 없으니 수가 얕을 수밖에 없습니다.

작은 정부라는 것도 부처만 없앨 뿐 공무원 감축은 하지 않는다고 했지요. 감세 정책으로 복지예산이 줄어들었으니 누구를 위한 감세일까요. 특정 집단의 이익만을 도모하고 있는 어설픈 신자유주의 추종 집단이야말로 우리 국민의 먹고사는 문제와 관련된다는 점에서 가장 문제가 되는 보수 세력입니다.

광우병, 비정규직 문제 모두 신자유주의 세력과 가장 직결된 문제고, 그래서 촛불이 더 필요하다고 생각합니다. 어설픈 신자유주의자들의 중심에는 이명박 대통령이 있다는 건 확실하고요. 그래서 대통령이 바뀌지 않는 한 풀기 어려운 문제입니다.

• 인터뷰 전문 출처_
『시사in』고재열 기자 블로그_독설닷컴(http://poisontongue.sisain.co.kr)

🐤 책 제목 공모에 응해주신 트친님들 감사합니다!

🐤@audrey9596_강남아줌마 MB를 사찰하다   🐤@hyimang_고소하지 않을 테니 나를 표절하라・옆집 아줌마의 정치판 도발   🐤@Bapseem_강남에도 좀마좌파 있다・강남에서 좌빨 아지매로 살기   🐤@badromance65_강남좌파 아줌마의 반란(혁명)・나는 강남좌파 아줌마다!   🐤@youme23_강남에서 좌빨(종북)을 외치다   🐤@joohkim_강아의 조곤조곤 좌빨 이바구・강아와 함께 걷는 왼쪽 길   🐤@whygo0211_강남에서 용 나다   🐤@bohemianatchina_강남아줌마가 왼쪽에서 바라본 세상   🐤@AF1219_강아는 강하다   🐤@khyoon6381_남편 욕보다 재미난 MB까기(강아님의 수다 편)・네가 양파를 깔 때 나는 MB를 깔게(강아님의 오늘의 요리 편)   🐤@museyss_강남아줌마, 파르티잔이 되다   🐤@honpe1_똑소리 나는 강좌(강좌파)   🐤@lbe0902_강남아줌마의 세상읽기: 강남좌파? 강북우파?   🐤@De_Renfort_세상과 소통하는 앞치마・강남아줌마의 정치로 밥하는 사연・강남을 차버린 원더우먼   🐤@saramkh_강남아줌마의 세상 씹기   🐤@mettayoon_강남아줌마・가짜 아줌마의 진짜 이야기   🐤@JooJu2010_나, 강남아줌마 너, MB   🐤@koreabong_강남을 배반한 아줌마   🐤@KrasnayaStrela_강남아줌마! 정치와 세태를 꾸짖다・청소기를 손에 든 아줌마의 준엄한 쓴소리

👤@lovepoet58_강남아줌마의 9회말 투아웃 • 강남아줌마의 쉰바람 신바람   👤@suna383_강아가 해부한 MB와 하이에나   👤@whkey787_정치로 밥을 해서 먹을까? • 아줌마! 정치에게 호통치다   👤@bussister7502_소소하지만 소소하지 않은 강아님 이야기   👤@odri41_강여사의 정치 수채화! • 강여사의 상대론적 정치미분   👤@ygellies_니가 정치를 알아?: 강남아줌마의 정치 나들이   👤@thesalove_강남아줌마가 지어주는 정치식사 • 강남아줌마가 끓여주는 맛있는 정치라면   👤@space10000Kk_강남아줌마의 쿠데타는 시작되고 • 뚜껑 열린 강남아줌마 정치학개론   👤@ksctrade_불모지 강남, 그곳에도 사람이 살고 있더라   👤@freeaswind62_우파경매 • 게으른 좌파아줌마의 배알   👤@fallove1_도발적 좌회전   👤@naticle_세상을 흔들어라!: 강남아줌마의 정치비평   👤@myluckymy_강남아줌마의 바람   👤@intothelove_의사당엔 마징가가 산다   👤@dolmen85_강남 살면 다 그래?   👤@ezzoksystem_강남촛순이   👤@hn_griff_강남아줌마의 유쾌한 수다: 아줌마라고 요리책인 줄 알았지? 아니야, 더 맛있는 정치 이야기야   👤@Kim4Reunion_대한민국에서 전여옥과 싸울 수 있는 영원한 언니 강남아줌마의 정치서

나를
너희
편에
서게
하라 ©강영란 2012

초판 1쇄 발행   2012년 7월 10일

지은이   강영란
펴낸이   김철식
펴낸곳   모요사
출판등록 2009년 3월 11일(제410-2008-000077호)
주소   411-762 경기도 고양시 일산서구 가좌3로 45 203동 1801호
전화   031-915-6777
팩스   031-915-6775
이메일   mojosa7@gmail.com

ISBN   978-89-97066-11-7 03340

- 이 책의 판권은 지은이와 모요사에 있습니다. 이 책 내용의 전부 또는 일부를 다시 사용하려면 반드시 양측의 동의를 얻어야 합니다.
- 책값은 뒤표지에 표시되어 있습니다.
- 잘못 만들어진 책은 구입처에서 바꿔 드립니다.